KB269010

교도소로 간 성자

변이주 지음

도서출판 한글

증보판을 발간하는 마음

초판이 발행된 지 두 달이 못 되어 증보판을 내기로 결심했다. 증보판이라 해봤자 몇 가지 사실을 첨가한 것에 불과하지만 말이다. 그래도 증보판을 발행하는 것이 독자들의 성원에 보답하는 길이 될 수도 있겠다는 생각이 들었다.

초판에 보여준 독자들의 뜨거운 관심에 무슨 말로 감사한 마음을 표현해야 될지 모르겠다.

책 제목에 '성자'라는 표현을 쓴 것이 하나님 앞에 참람한 것 같아 많이 망설였다. 골백번을 죽었다 깨어난다 해도 내가 성자가 될 수 없다는 건 나 자신이 잘 안다.

그리나 나는 마음속으로 늘 기노한다.

"하나님 아버지, 이 죄인은 결코 성자가 될 수는 없지만 죽는 날까지 성자의 길을 갈 수 있도록 붙들어 주시옵소서. 이 죄인의 겉모습만 보고 성자라고 불러준 몇몇 성도들의 기대를 평생 저버리지 않도록 지켜주시옵소서."

초판에 보여준 독자들의 뜨거운 관심에 다시 한 번 감사의 말씀을 드리며 이 책이 더 많은 분들에게 감동을 선사하기를 기도한다.

2018년 4월
목사 변이주

목 차

첫 목회

1981년 5월 17일 나는 목사 안수를 받았다. 내 나이 서른다섯 살 때였다.

안수 받은 다음 해, 그러니까 1982년 3월 2일, 나는 아내와 4살 된 아들 으뜸이를 데리고 첫 목회지인 해남 가곡교회로 이사를 했다.

해남 가곡교회 —, 나의 첫 목회 부임지라는 중요성 말고도 또 다른 의미가 있는 교회였다. 그것은 바로 전봉성 목사님이 개척하여 시무하던 교회라는 사실이었다.

전봉성 목사님은 일제 때 신사참배를 적극 반대하시다가 10년 언도를 받고 5년 복역하던 중 해방을 맞아 출옥한, 그야말로 산 순교자로 추앙을 받던 분이었다. 이북이 고향인 목사님은 공산당을 피해 남한으로 오셨는데 불행하게도 가족과 동행하지를 못했다.

그런데도 칠순이 넘도록 북에 있는 가족을 기다리며 재혼도 하지 않은 채 독신을 고수해 오셨다. 해남 가곡 교회는 그 전 목사님이 개척하여 10년 넘게 목회하시다가 중풍으로 쓰러진 후 요양 차 상경하여 교회가 비어 있었다.

산 순교자가 개척하여 10년 넘게 목회한 그 현장에 후임으로 간다는 사실에 크게 고무된 나는 생활의 염려 같은 건 걱정거리도 되지 않았다.

이사하던 날, 차가 서울을 떠날 때는 날씨가 흐리기만 했었는데 천안을 지날 때부터 봄비가 내리기 시작했다. 오랜 가뭄 끝에 내리는 봄비였다. 그렇기에 이사하는 날 비가 오는 것에 대해 별로 언짢다는 생각이 들지 않았다. 오히려 하나님께서는 나로 하여금 봄비를 몰고 부임하는 목사로 선택하셨다고 나름대로 좋게 해석하며 스스로를 위로했다.

동네 한복판에서 교회까지 약 100여 미터 거리는 골목길이 너무 좁아 차가 들어갈 수 없었다. 우선 짐을 풀어 남의 집 헛간에다 옮겨 놓았다.

교인들과 동네 사람들이 나와서 허리가 90도가 되도록 인사를 했다. 도회지물이 들지 않은, 시골의 순박미가 그대로 나타나 여간 신선한 것이 아니었다.

서울에서 중학교 선생을 하던 목사가 온다고 소문이 크게 났던 모양이다. 교인들은 물론 동네 사람들도 도대체 어떻게 생겨먹은 녀석인가 싶어 비가 옴에도 불구하고 다들 나와 이삿짐을 거들며 나에 대한 첫선을 보았다.

가곡교회는 건평 13평의 창고와 같은 건물에 교인 7,8명이 모여 예배드리는 아주 작은 시골 교회였다. 전도사는커녕 신학생조차 거들떠보지도 않던 교회였다.

그런 교회에 목사가, 그것도 서울에서 중학교 선생 하던 인텔리(?)가 부임한다니 처음에는 교인들도 믿으려 하지 않았다. 물론 동네 사람들도 처음에는 헛소리한다고 비웃었다.

그런 터에 정말로 그 인텔리 목사가 이삿짐을 싣고 들이닥쳤다. 한 집에서 방귀만 뀌어도 온 동네가 들썩하는 시골 마을이다.

온 마을에 화젯거리가 된 것은 물론이려니와 교인들은

자랑스럽고 신이 나서 어쩔 줄 몰라 한 것도 무리가 아니었다.

이삿짐을 정리한 나는 토요일 날, 동네를 한 바퀴 돌며 집집마다 찾아가 부임 인사를 했다. 모두들 좋아하며 반겨 맞아주었다.

동네 사람들 중에는 여호와의 증인이나 다른 이단들이 전도하러 온 줄 알고 노골적으로 불쾌한 빛을 보이는 사람도 있었다. 그러나 가곡교회 새로 부임한 목사라는 말을 듣고는 미안한 표정을 지으며 환대하기도 했다.

또 어떤 집에서는

"안녕하십니까?"

하고 인사를 하니 으레 '전도하러 온 줄 다 안다' 하는 양 외면을 했다. 그러나

"처음 부임하여 어르신께 인사 여쭈러 왔습니다."

했더니

"인사는 무슨……."

하면서도 과히 싫지 않은 표정을 짓는 것이었다.

'인사해서 뺨 맞는 법 없다'고 했던가? 찾아뵙고 인사 여쭙는다고 하는 데야 불쾌히 여길 사람 누가 있겠으며

외면할 사람이 어디 있겠는가.

아무려나 집집마다 찾아다니면서 부임인사를 한 것이 동네 사람들에게 좋은 인상을 주었던지 7,8명 모이던 교회에 부임 첫 주일임에도 불구하고 20여 명이 모였다. 교인들은 입이 함지박 만하게 벌어지며 좋아서 어쩔 줄 몰라 했다.

나는 생명을 걸고 교회를 부흥시켜 보리라는 각오를 다졌다. 첫 목회에 실패한다면 다음 목회에도 기대를 걸기가 어렵다는 사실을 가슴에 새기고 스스로 열심을 다하겠다는 다짐을 두었다.

나에게 지급되는 사례비는 월 3만 원이라고 했다. 3만 원이라면 큰 녀석 한 달 과자 값이었다. 쓴웃음이 머금어졌지만 내색을 하지는 않았다.

부임하기 전 나는 사례비는 아예 없을 것으로 생각하고 당분간 먹을 식량도 가지고 왔다. 이사 비용도 내가 주었고 그러고도 얼마의 여유가 남아 있었다.

생각하면 사례비 때문에 교회와 다투고 덕망을 잃은 목회자들이 얼마나 많은지 모른다. 내가 보아 온 교역자들 가운데에도 사례비 때문에 교회와의 관계가 불편했던 것을 많이 목격했기에 그런 면에서는 지혜롭게 처신할 필요가 있음을 절실히 느껴오던 터였다.

가곡리는 30여 호 남짓 되는 단위부락이었다. 우리나라의 농촌 형편이 다 그렇듯 젊은이는 거의 도회지로 나가버리고 대부분 노인이나 부녀자들이 집을 지키고 있는 실정이었다.

나는 교인들의 가정마다 심방하며 생활 형편과 신앙상태 등을 살피고 성경 말씀으로 권면했다. 또 노인들은 어깨도 주물러 드리는 한편 두 손을 마주잡고 간절히 기도해 드렸다. 교인들은 무척 기뻐하면서도 목사 대접 변변히 못하는 것을 못내 아쉬워했다.

나는 이웃 마을에도 찾아가 집집마다 방문하며 전도했다. 밭에서 김매는 부인들에게 가서 전도하니 무슨 손님이라도 오는 줄 알았던 모양이다.

호기심에 끌려 일하던 손을 멈추고 나를 쳐다보던 사람들은 내가 예수 믿으라고 하니 적잖이 실망하는 눈치들을 보였다.

미안하기는 했지만 그러나 전도하고 싶은 의욕이 솟아나니 나로서는 참으로 기쁜 일이 아닐 수 없었다.

 어떤 부락에서 전도하던 중 신 씨라는 젊은이를 만났는데 그는 참으로 딱한 사정이 있는 사람이었다. 그는 두 다리가 불구여서 목다리를 의지하여 활동하고 있었다. 비록 장애를 가지고 있었지만 의지만은 대단히 굳은 사람이었다.

 시계수리 기술을 배워 영업을 하며 생활했다. 부인도 얻어 남매를 기르며 잘 살아왔다. 부인은 정상인인데 신 씨 집에서 다소간의 부채를 정리해 주고 또 논마지기나 사주고 하여 데리고 왔다고 했다.

 그런데 생활의 기반이 잡힐 만하니 그 부인이 문제를 일으키기 시작했다. 부인은 세 차례나 용서를 받고도 또 부정을 저지른 끝에 가산까지 탕진시키고 신 씨에게 심한 상처를 남겨놓은 채 종적을 감춰버렸다는 것이었다.

 사정을 듣고 보니 나의 경우와 비슷한 데가 있어 동정이 가고 친근감을 느낄 수 있었다. 나 역시 실연의 아픔이 계기가 되어 목회의 길에 들어섰기 때문이다.

 처음에 그는 나의 접근을 완강히 거부했다. 나는 할 수 없이 그 손을 잡고 기도하는 것으로 그와의 접촉을 유지해 나갔다.

그는 나의 접근을 완강히 거부하면서도 기도나 하고 가겠다는 나의 제의에는 순순히 응해 주었다. 내가 하도 끈질기게 찾아가니 그는 나의 끈기에 감복했다며 서서히 마음 문을 열기 시작했다. 나의 과거를 이야기하며 처지가 비슷함을 강조했더니 그는 무척 흥미 있는 듯 관심을 보였다.

그러나 그는 그 아내에 대해서는 절대 용서할 수 없으며 아내를 찾기만 하면 자신이 당한 아픔 이상의 고통을 안겨주겠다고 벼르고 있었다. 철저히 복수하겠다는 의도였다.

나는 성경을 펼쳐 호세아를 예로 들어 설명해 주었다. 인간 세상에서는 배신이 난무하지만 절대 신뢰할 대상은 오직 하나님밖에 없음을 힘주어 말했다.

"구약성경에 호세아 선지자의 이야기가 있습니다. 호세아는 자신의 아내가 외간 남자와 눈이 맞아 여러 차례 가출을 했지만 그때마다 몸값을 치르고 데려와서 같이 살았습니다. 그런데 호세아의 그와 같은 사랑은 실상 죄 많은 인간을 향한 하나님의 사랑을 나타내는 것이지요. 하나님의 사랑은 어떻게나 지극한지 당신의 외아들까지 아낌없이 바쳐 우리 죄인들을 구원하셨습니다.”

그러나 그는 나의 설득에 귀를 기울이려 하지 않았다. 그래도 나는 실망하지 않았다. 오히려 그의 회심문제를 놓고 더욱 뜨겁게 기도했다.

나는 말씀과 기도가 목회자의 큰 사명임을 생각하고 성경을 많이 읽고 연구하는 일과, 열심히 기도하는 일에 최선을 다하려고 애를 썼다. 그래서 신구약 성경을 백 번 이상을 읽었고 계속하여 정성껏 읽고 있었다.

또한 매일 정오가 되면 교회에 나가 엎드려 기도했고 수요일 밤과 토요일, 주일 밤은 교회에서 밤을 지내며 기도하는 날로 정해 놓았다. 멀리 출타하는 날 외에는 하루도 빠짐없이 실천했다. 이 일은 오늘까지도 계속되고 있다.

어느 날, 매우 바쁜 일이 있어 거의 한달 만에 신 씨를 찾아갔다. 나를 본 신 씨는 무척 반기며 왜 그렇게 오랜만에 왔느냐고 핀잔 아닌 핀잔을 주는 것이었다.

신 씨는 그간 몸이 아파 무척 고생을 했는데 그럴수록 목사님 생각이 나고 목사님이 기도만 해주면 곧 나을 것 같다는 생각이 들더라는 것이었다. 나는 신 씨의 두 손을 꼭 잡고 뜨겁게 기도했다.

그 뒤부터 신 씨는 나를 기다리는 사람이 되었고 나는 틈틈이 신 씨를 찾아가 성경 말씀을 전하고 기도했다. 신 씨의 마음은 복음을 향해서 활짝 열려 있었다.

나는 기도하기와 성경 읽기, 전도하기의 고삐를 늦추지 않았다. 하나님께서 나의 기도를 들어주시어서 교회는 나날이 부흥이 되었다.

어느 날은 이일시에 나가 전도하던 중 노인 한 분을 알게 되었다. 이일시는 2일 장이 선다고 해서 붙여진 이름이다. 노인은 교회에 다니고 싶은 마음은 있지만 중풍으로 몸이 말을 안 들어 나가지 못한다고 했다.

그런데 노인의 사정이 참 딱했다. 노인은 그야말로 독수공권, 딸린 식구 하나 없는 외로운 처지였다. 게다가 풍을 맞아 일어나 앉지도 못하는 형편이었다.

노인이 건강할 때는 딸아이 하나를 거느린 홀어미를 만나 재미있게 살았다고 한다. 그래서 부인이 데리고 온 딸을 친딸같이 사랑하여 고등학교 졸업까지 시켜줬다고 했다.

그러나 노인이 병들고 보니 부인도 딸도 노인을 버리

고 가버렸다. 그 사정을 딱하게 여긴 이웃 아주머니가 자기네 뒷방을 하나 내주어 겨우 생명을 부지해가고 있다는 것이었다.

대소변도 스스로 가릴 수 없어 누가 부축해 줘야 요강에 앉을 수 있는데 이 궂은일을 대부분 아주머니의 아들인 중학교 3학년짜리 사내애가 거들어준다고 했다. 식욕은 있지만 대소변 볼 일이 무서워 식사도 조금씩 한다는 눈물겨운 사연이었다.

다음 주일, 나는 리어카를 끌고 가 노인을 부축하여 태우고 교회로 와서 따뜻한 진지를 해드리고 변소에도 모시고 가고 예배도 같이 드렸다. 따뜻한 아랫목에 앉아서 노인은 이런 말씀을 하셨다.

"이렇게 따뜻한데서 하루만 살다가 죽어도 여한이 없겠다."

물론 혼자 하시는 말씀이었지만 그 소리를 들은 나는 가슴이 미어지는 것 같은 아픔을 느꼈다. 내가 모시고 살았으면 참 좋겠다는 생각이 들었지만 문제는 바로 아내였다.

그 당시 아내의 불만은 보통 심각한 것이 아니었다.

아궁이에 불을 때면 연기가 나와 눈물을 한 종지는 흘려야 밥을 먹을 수 있었다. 또한 물을 퍼 올리기 위해 펌프질을 하면 팔이 끊어지는 듯이 아픈 고통을 치러야 겨우 물 한 동이를 받을까 말까 한 형편이었다.

아내는 신경이 날카로워질 때마다 애꿎은 네 살짜리 어린것에게 고래고래 악을 썼다. 나에게도 불만을 터뜨리며 스스로는 새벽기도회에도 나오지 않아 내가 늘 데리러 가야 하는 형편이었다. 노인을 사택에서 모시자는 말은 꺼낼 엄두조차 낼 수 없는 형편이었다.

게다가 사택에는 정작 노인을 모실만한 방도 없었다. 방이 두 개이기는 하지만 방 하나는 너무 작기도 하거니와 두 방 모두 통로가 부엌으로 연결되어 있었다. 도저히 사람이 기거할 수 없는 구조였다.

노인을 모시기 위해서는 방의 구조를 고치든가 아니면 방을 새로 드려야만 했다. 당시 교회 형편으로서는 결코 쉬운 일이 아니었다.

할 수 없이 나는 노인을 리어카로 모셔다 드렸다. 그리고는 종종 찾아뵙고 기도하며 위로해 드렸다. 어떤 때는 밥을 해서 싸들고 가 잡숫게도 해드리고 과자도 사다 드렸다.

청소나 빨래는 엄두도 못내는 노인의 방은 먼지가 가득하고 냄새가 지독해 누구도 들어가기를 꺼려했다. 그래도 나는 마다 않고 들어가서 오랫동안 이야기도 하고 기도하며 위로해 드렸다.

그러던 중 내가 서울에 볼일이 있어 상경했다가 나흘만에 와보니 그 노인은 별세하셔서 김 집사를 비롯한 교인들이 장례를 치른 뒤였다. 많은 사람들이 나를 극구 칭찬했다고 교인들이 좋아했다. 심지어는 나를 성자(聖者)라고까지 극찬하는 이도 있었다.

그러나 나는 심한 자책감을 느껴야 했다.

'이렇게 따뜻한 방에서 하룻밤만 자봤으면 좋겠다'고 하시던 말씀이 나를 몹시도 괴롭히는 것이었다. 아예 사택으로 모시고 와 같이 살고 싶은 마음이 굴뚝같았지만 그렇게 하지 못한 것은 내가 위선자이기 때문임을 통감하고 가슴속으로 아픈 눈물을 삼켰다.

비록 가정 내부적으로는 갈등이 심한 상태였지만 하나님께서는 나를 사랑하셔서 좋은 소문 날 일만 생기게 하셨다.

이순기 씨에 대한 일도 그러했다.

술고래 - 술이란 결국 사람을 못 쓰게 만들고 폐인이 되게 하는 몹쓸 물건이 아닌가. 그런데도 사람들은 술들을 그렇게도 퍼마셔 대니 안타까운 일이다.

이순기 씨는 그 술로 인해 백내장에 걸려 앞을 못 보는 맹인이 되어 버렸다. 멀쩡하던 사람이 앞을 못 보게 되니 그 답답함이 오죽했을까.

백내장이란 서둘러 수술만 하면 다시 볼 수 있는 병이었으나 수술비가 엄청나게 들고 보니 농촌에서 근근이 살아가는 사람의 형편으로 수술이란 엄두도 못 낼 일이었다. 이순기 씨는 교회에 다니지 않는 사람이었지만 마을 전도하던 중 그 사정을 알게 된 나는 종종 그를 찾아가 기도하며 위로해 주었다.

그러던 중 마침 천주교 전래 200주년 기념사업의 일환으로 백내장 환자 무료수술혜택에 관한 소식이 들려왔다. 그런데 이순기 씨는 서류를 구비하여 서울 강남성모병원에 신청을 하려해도 교통비조차 마련하지 못해 쩔쩔매는 형편이었다.

다행히 수술을 받게 된다 해도 교통비며 경비 마련이

불가능해 아예 포기해야 될 형편이었다. 그 안타까운 이야기를 들은 나는 통장에서 10만원을 꺼내 갖다 주었다.

어렵게 서류를 접수했지만 한 달이 넘도록 소식이 없었다. 마침 상경할 기회를 얻은 나는 병원에 가서 사정을 알아보았다.

병원 측에서는 수혜대상인원은 한정이 되어 있는데 신청인원은 엄청나게 많아서 계획대로 착수를 못하고 있는 형편이라고 했다. 그런데다가 이순기 씨는 접수순번이 너무 늦어 수술 혜택을 받기는 어렵다는 설명이었다.

참으로 실망이 컸다. 이제 수술만 받으면 눈을 뜨려니 하여 잔뜩 기대에 부풀어 있는 이순기 씨와 그 가족들이다. 이러한 사실을 알게 되면 실망이 얼마나 클까 생각하니 마음이 무거워 견딜 수가 없었다.

게다가 사례비 6만원 받는데서 아끼고 아껴 모아놓은 돈을 10만원이나 내놓았는데도 그것이 헛일이 되고 보니 참으로 서운하기 짝이 없었다.

교회로 온 나는 이순기 씨와 그 가족에게 실망을 줄 수가 없어 '좀 더 기다려 보라더라'는 말로 일단 안심을 시켜놓았다. 그렇지만 파도처럼 밀려오는 안타까운 마음을 어떻게 할 수가 없었다.

이런 때는 어떻게 해야 하나? 나는 엎드려 기도했다. 이미 희망을 걸어보기는 글러버린 상태였지만 그래도 우리 주님께서는 무슨 일이든 가능케 하실 수 있으니 주님의 능력을 믿고 매달려 보기로 한 것이었다.

그런데 그 며칠 후 참으로 반가운 소식이 들려왔다.

기다리다 지친 이순기 씨 처남이 상경하여 병원에 문의해 보았더니 수술신청자가 너무 많아서 서울에 있는 병원만으로는 감당할 수가 없어 각 지방 병원에 수술을 의뢰했다는 것이었다.

이순기 씨는 광주 홍안과 병원에서 수술을 받게 되었다며 즉석에서 서류를 빼주는 것이었다. 처남은 내려오는 길로 광주에 들러 홍안과에 제일착으로 접수시켰다. '할렐루야'는 이런 때 외치는 찬양이 아닌가?

"할렐루야!"

수술은 며칠 후에 진행되었다. 수술이 끝난 며칠 후 나는 병원을 방문했다. 수술경과는 아주 좋아서 이순기 씨는 시력을 회복했다.

이순기 씨는 나의 두 손을 꼭 잡으며 수없이 치하를

했다. 그 부인도 감사하다는 말을 하며 눈시울을 적셨다.

"우리는 아무도 문병 오는 사람이 없으니까 옆에 있는 사람들이 '당신네는 친척도 없냐'고 하여 어떻게나 민망한지 몰랐는데 이렇게 목사님이 찾아오시니까 체면이 좀 서네요."

이순기 씨 부인은 이모저모로 감사하다는 말을 반복했다.

이순기 씨는 수술이 끝난 후 그 부인의 손을 잡으며 다시는 술을 안 마실 것과 열심히 교회에 나갈 것을 다짐했다고 옆에 있는 사람이 알려줬다.

정말로 이순기 씨가 퇴원한 다음 주일부터 그들 내외와 두 아들과 딸, 그리고 이순기 씨 장모님, 이렇게 온 가족이 교회에 나왔다.

오- 깊고 오묘하신 주님의 은혜, 놀라운 그 사랑이여!

나는 교회에 혼자 꿇어 엎드려 눈물을 흘리며 감사의 기도를 드렸다.

이런 저런 일들로 해서 교회는 소문이 크게 났고 교인 수가 자꾸 불었다. 20명에서 30명, 40명, 50명 —. 단

위부락 30여 호의 시골 여건으로 보아 대단한 부흥이 아닐 수 없었다.

특히 노인들은 '나 죽으면 따뜻이 장례 치러줄 사람은 목사님밖에 없다.'고 하며 가곡교회를 찾았다. 나는 그분들을 어머니처럼, 할머니처럼 따뜻이 보살펴 드렸다.

교회가 이렇게 부흥하는 반면 점점 심각해지는 문제가 있었으니 그것은 바로 날로 쌓여가는 아내의 불만이었다. 날이 갈수록 아내의 불평은 도를 넘고 있었다.

집안에서 악쓰는 소리가 그치지를 않았으니 그야말로 애가 타서 죽을 노릇이었다. 아무리 어려운 일이라 해도 웃으면서 참을 수 있겠는데 유독 참기 어려운 것은 아내의 바가지 긁는 소리였다.

아내는 마치 교회를 헐어버리고 목사의 앞길을 막아놓기로 작정한 사람같이 날이 갈수록 마귀 좋아하는 짓만 골라가며 했다.

더구나 성찬식을 앞둔 부활주일 전날, 아내는 혹독하게 나를 괴롭혔다. 마귀는 아내를 움직여서 나와 최후의 결판을 지으려는 듯했다. 그것을 참으려니 나의 애간장은 부글부글 끓어올라 제풀에 터질 것만 같았다.

그러나 나는 용케도 그것을 참아냈다. 그것은 전날 나의 체험이 큰 힘이 되어주었기 때문이었다.

어떤 전도사님이 성찬식이 있는 날 낮에 교회 성도와 대판 싸움을 벌이고도 저녁에 성찬에 참여하는 것을 보았다. 그것을 보면서 나는 마음이 영 개운치 않음을 느꼈다. 주님의 성찬을 모독해도 분수가 있지, 어찌 그럴 수가 있나 싶어 일종의 의분까지 느꼈던 것이다.

그러한 내가 아내와 말다툼이라도 벌이게 된다면 성찬 예식을 집례할 수가 없을 터이니 아무튼 입을 꾹 다물고 죽기 아니면 살기로 참아냈다.

나는 주님의 은혜가 말할 수 없이 크고 감사해서 기도할 때마다 감격의 눈물이 저절로 흘러내리는데, 나의 각오를 충분히 설명 듣고 반려자가 되기로 작정하고 따라나선 아내가 이제 와서 최대의 방해꾼이 되다니 이 어쩐 아이러니란 말인가.

며칠을 고심한 나는 아내를 기도원으로 보내야겠다고 생각했다. 아내는 으뜸이 때문에 집을 떠나지 못하겠다고 했다. 그것은 으뜸이를 구실로 해서 기도원에 가지 않겠다는 핑계가 아니라 사실상 으뜸이가 엄마와 떨어진다는 것은 거의 불가능한 일이었다.

으뜸이는 한시도 제 엄마를 떠나서는 살지 못하는 아이였다. 심지어 아내는 으뜸이를 화장실까지 업고 가야 할 정도였다. 으뜸이가 자고 일어나서 엄마가 없으면 발버둥을 치며 찾을 것은 뻔한 일, 그 고역을 어떻게 치르겠느냐는 것이 아내의 본심이었고 나도 충분히 이해할 수 있었다.

며칠 전에도 아내가 이웃집에 가 있는 사이 까무러칠 듯이 울며 엄마를 찾아대는 으뜸이었으니 말이다. 오죽하면 큰이모부가 '으뜸이가 아니라 울뜸이'라고 했을까.

그러나 당시 나로서는 으뜸이가 문제 아니었다. 아내가 새로워지지 않는 한 나는 더 이상 목회를 감당할 수 없는 지경에까지 이르렀던 것이었다.

나는 기어코 아내를 기도원으로 보냈다. 아내는 기도원을 다녀오기 위해 새벽차를 탔다. 으뜸이는 곤히 잠들어 있었다.

눈만 뜨면 엄마부터 찾는 으뜸이, 그래서 엄마가 눈에 보이지 않으면 기를 쓰고 울어대는 으뜸이 ─. 그것이 눈에 밟혀 어떻게 새벽길을 떠났을까. 그것이 눈에 선해

어떻게 보름 동안이나 떨어져 살았을까. 당시 일을 회상
하노라면 지금도 눈시울이 뜨거워진다.

그런데 고맙게도 으뜸이는 자고나서 엄마가 없음에도
울지도 않고 보채지도 않았다.

"엄마 어디 갔어?"

하고 묻기에

"엄마는 기도원에 갔는데 며칠 있어야 와. 그러니까
울지 말고 잘 놀아야 해. 알겠지?"

했더니 알았다는 듯 평안한 표정을 하고 있었다.

아무튼 아내는 언니가 있는 성남을 거쳐 기도원으로,
그리고 친정으로 해서 보름 만에 왔고 많이 변화되어 있
었다. 어떤 이들은 아내가 기도원에 가서 보름이나 되도
록 안 오니까

"어린 것이 눈에 밟혀서 어떻게 보름 동안이나 있느
냐."

하며 노골적으로 비난을 하기도 했지만 그러나 어쨌든
아내가 많이 변화된 것만 감사할 따름이었다.

그 며칠 후 나는 서울에 볼 일이 있어서 새벽차를 타기 위해서 버스 정거장으로 나갔다. 아침 안개가 짙게 끼어 있었다. 버스를 기다리는 동안 내내 아내 생각이 머릿속에서 지워지지를 않았다.

얼마 전 울뜸이(으뜸이)를 두고 떨어지지 않는 발길을 떼어 기도원으로 향했을 아내가 생각났다. 왠지 모르게 울적한 마음이 들어 나도 모르는 새 눈물이 흘러 볼을 적시었다.

아롱진 눈물 속에 지난 날 아내를 만났을 때의 생각이 떠올랐다.

생각해 보면 참으로 어렵게 만난 아내였다. 신학교를 졸업하고 성남의 교회에서 교육전도사로 섬길 때 선을 보기 시작했다. 선을 보는 자리에서 나는 앞으로 내가 살아갈 방향에 대해서 이야기를 하고 협조를 구했다.

"나는 곧 목사가 될 사람입니다. 목사가 된 후 낙도 오지나 교도소, 아니면 나환자촌에 들어가 전도할 결심인데 나를 도와줄 수 있습니까?"

그러나 나의 그 각오를 들은 아가씨들은 똑같은 대답들을 했다.

"참으로 훌륭한 생각을 가지셨습니다만 저는 자격이 없습니다."

어쩌면 대답들이 그렇게 한결같은지 마치 말을 맞춘 사람들 같았다.

벌써 열다섯 차례 이상 퇴짜를 맞았다. 선을 보여서 상대방에게 합격점수를 얻어낸다는 것이 그렇게도 어려운 일일 줄은 정말 몰랐다.

'이래가지고는 결국 장가도 못 들고 마는 게 아닌가' 이런 생각마저 들고 보니 '선'에 대한 노이로제 현상이 나타나기까지 했다.

그렇다고 나로서는 예의 그 퇴짜 맞을 소리 '교도소나 나환자촌 혹은 시골 오지로 들어가 전도할 결심'을 말하지 않을 수 없었다. 그것이 나의 진실이고 또 나는 그것을 사명으로 알고 신학에 입문한 터였기 때문이다.

그런 결심이 단단히 서 있는 내가 진실을 말하지 않은 채 결혼했다가 나중에 더 큰 문제가 발생한다면 그건 차라리 처음부터 만나지 않음만 못하다.

그러던 어느 날이었다. 친구인 이흥재 전도사가 찾아왔다.

"변 전도사님, 김 선생 집에 갑시다."

"김 선생이라니요?"

"거 왜 미장원에서 일하는, 우리 해림이 엄마 친구 있잖아요."

"거긴 왜요?"

"글쎄 뭐, 그냥 한 번 놀러 가는 거죠 뭐."

김 선생이란, 언니가 경영하는 미장원에서 일을 도와주는 아가씨인데 이 전도사의 소개로 1년 전에 선을 보아 퇴짜를 맞은 적이 있다.

나는 별로 마음이 내키지 않았지만 이 전도사의 표정으로 보아 그쪽에서 나를 보고 싶어 하는 것이 분명하다는 생각이 들었다. 이 전도사를 따라 나섰다.

김 선생의 형부라는 이와 수인사를 나눴다. 그런데 이 전도사와 사전에 무슨 이야기들이 오고갔는지 형부라는 이가 대뜸 이런 말을 하는 것이었다.

"요즘같이 바쁜 세상에 약혼 따로 결혼 따로 할 거 뭐 있나. 막바로 일을 치러버리지."

그런데 이 말이 우리의 애긴지 남의 애긴지 분간을 할 수가 없었다. 그렇다고 되묻기도 뭣하고 대꾸를 안 하기도 그렇고 한 입장에서 엉겁결에 맞장구를 치고 말았다.

"그렇죠 뭐, 괜히 낭비만 되고……"

"그럼 아주 날짜도 정해 버려. 이쪽도 급하고 그쪽도 급하니 음력으로 해 안에 해버리지 뭐."

시선을 이 전도사에게 두고 하는 말이니 그 말이 나를 두고 하는 말인지 이 전도사 보고 하는 말인지 분간이 서지를 않는데 내가 무슨 말을 하기 전에 이 전도사가 얼른 거들고 나섰다.

"그렇게 하지요 뭐. 서로가 좋게……"

이야기는 일사천리로 진행돼 결혼 날짜는 대충 언제쯤 하는 것이 좋겠다는 말까지 오고갔다.

집에 돌아와 생각해 보니 아무래도 무엇에게 홀린 기분이었다. 그렇게도 성사가 안 되던 혼사가 하루 밤 새 결정이 되다니.

양력으로는 이미 새해 들어 며칠이 지났지만 음력으로라도 해를 넘기지 않겠다는 신부 측 의견에 따라 우리는 1979년 1월 16일, 음력으로는 1978년 12월 18일 신부가 출석하던 교회에서 그 교회 목사님의 주례로 예식을 올렸다.

신혼여행을 갈 것이냐 말 것이냐, 가면 어디로 갈 것이냐 하는 이야기가 심심치 않게 대두되었다. 그 문제에 대해서 입을 다물고 있던 나는 예식이 끝나자마자 택시를 불러 타고 기도원으로 직행했다.

신부는 신혼여행 대신 기도원으로 가는 것이 못내 서운했던 모양이다. 기도원으로 향하는 택시 안에서도 '나에게 돈이 있으니 신혼여행을 가자'고 하여 나를 심히 곤혹스럽게 했다. 나는 부끄럽기도 하고 미안하기도 하여 참으로 몸 둘 바를 몰랐지만 굳이 기도원 행을 고집했다.

주님의 부르심을 받아 떨치고 나선 사람, 그래서 주님을 위해 일생을 바치고자 다짐한 사람, 그 각오를 선볼 때마다 무슨 자랑인 듯 늘어놓아 퇴짜만 당한 사람이 바로 나 아닌가.

그러기에 나는 인륜지대사라고 하는 혼인식을 마치고 결의를 다지기 위해 직판 기도원으로 가는 것은 지극히 당연한 일이고 또 아름다운 일이라고 생각했다. 그렇기에 나는 떳떳하게 기도원 행을 고집할 수 있었던 것이다.

신혼 첫날밤을 금식기도로 보낸 나의 의지가 지금 생각해도 참으로 가상하다고 생각한다. 그리고 생각할수록 잘했다는 생각이 든다.

그러나 모르긴 몰라도 나에 대한 아내의 불만은 거기서부터 싹트지 않았나 생각된다. 신혼여행은 고사하고 신혼 첫날 밥까지 굶은 곤욕을 치러야 했으니 그것이 어찌 달가운 일이었겠는가.

지금 생각하면 당시의 형편이 아내에게 불평 쌓일 일들만 있었던 것 같다. 신혼여행도 그렇거니와 결혼하자마자 곧 임신한 아내는 점점 신 것이 먹고 싶었던지 〈사과〉를 연발했다. 사과를 먹고 싶었던 것이었다. 무언가 신 것을 좀 실컷 먹고 싶은데 욕망을 충족시킬 아무런 기대도 가질 수 없으니 참으로 안타까웠을 것이다.

그 당시 교회에서 받는 사례비가 월 4만 원, 거기서 헌금을 제해놓고 한 달 생활을 해야 하니 어려움이 이만저만이 아니었다. 게다가 방세를 한꺼번에 20만 원을 올려달라고 하니 부득이 방값이 싼 집으로 이사를 하지 않으면 안 될 형편에 사과, 딸기, 참외 — 시장에만 가면 그득하게 쌓여 있는 그런 것들이 그림의 떡일 수밖에 없었던 것이다.

내가 결혼하던 해 교회를 크게 부흥시킨 전도사님은 인천으로 목양지를 옮기고 후임으로 군목 출신의 목사님이 부임해 왔다.

그런데 참으로 섭섭한 일이 생겼다. 새해 들어 교회 예산을 심의할 때 당시 월 20만 원이던 목사님의 사례비를 25% 인상했다. 그리고 전도사 사례비 문제가 나왔을 때 제직들은 전도사도 가정을 가졌으니 월 10만 원은 돼야 생활할 수 있지 않겠느냐고 했다.

그러나 목사님은 목사 사례비 인상률이 25%였으니 전도사 사례비도 똑같은 비율을 적용해야 한다고 우겼다. 결국 내 사례비는 5만 원으로 책정됐다. 그때 나는 목사님이 너무 인색하다는 생각을 했다.

그 해 7월 제직회의 때였다. 목사님에게는 상반기 상여금이 지급됐는데 전도사 상여금은 왜 지급이 되지 않았느냐고 누가 회계 집사에게 따져 물었다. 그 말을 받아서 목사님이 궁색한 변명을 했다.

전도사 상여금은 결정이 되지 않아서 지급되지 않았다는 것과 또 대구에서 온 집사님들이 따로 생각해 준 바가 있어서라는 것이었다.

'그것도 말이라고 하는가……'

나는 일종의 의분이 치밀어 오름을 느꼈다.

전도사 상여금 지급 문제는 이미 신년 예산에 책정이 되어 있으니 더 말할 필요도 없는 일이었다. 또한 대구 집사님들이란, 바로 목사님의 모친과 함께 잠깐 들렸던 집사님들이다. 그분들은 나에게 수고한다며 도서비라도 하라고 봉투 하나를 전해준 바가 있는데 그것을 상여금을 지급하지 않은 이유로 내세운 것이었다.

나는 목회자의 세계가 이렇게 비정하고 치사한 것인가 하는 회의를 느꼈고 전도사로서의 내 위치를 지키기가 참으로 힘들었다.

이렇게 비정하고 치사한 것이 목회자의 세계라면 차라리 시골에서 농사짓고 순박하게 사는 게 더 나을 것이라는 생각이 나를 지배했다. 그러다보니 교회 일에도 관심이 없고 성경을 읽는 일이나 계속 공부하는 문제 등은 관심에서 점점 멀어지고 있었다.

그러던 어느 날이었다.

낮에 잠깐 눈을 붙였는데 평소 존경하던 이윤학 목사

님이 나타나셔서 공부해야지 낮잠 잘 시간이 어디 있느냐고 호통을 치는 것이었다.

이윤학 목사님은 70이 넘은 고령임에도 불구하고 큰 교회를 후배에게 물려주고 새로 교회를 개척하셨다. 내가 해남으로 첫 목회 나갈 때 아내와 함께 찾아뵙고 인사를 드린 바가 있다.

또 어떤 날은 비몽사몽간에 번개 같은 빛이 비치더니 예수님께서 재림하셨다. 많은 사람들이 공중으로 들림받아 올라가는데 유독 나만 지상에 그대로 머물러 있었다. 예수님의 모습은 매우 인자하고 온유한 모습이었는데 사진이나 그림에 있는 형상과는 전혀 다른 모습이었다.

깜짝 놀라 깨어난 나는 이래서는 안 되겠다싶은 생각이 들어 대학원 가을 학기에 등록을 했는데 유감스럽게도 아내에게 준 결혼 기념 반지를 팔아야 했다.

그리고 전임 전도사님의 권고도 있고 하여 우리는 인천으로 이사를 해서 아내는 미장원을 개업하고 나는 과외교습을 하며 공부를 계속했다.

그런데 시련은 그치지 않고 계속되었다. 생후 8개월

된 첫째 아이 으뜸이가 백일기침을 앓기 시작했고 그 해 8월부터는 과외수업금지조치령이 내려 생활비 조달이 극히 어렵게 되었다.

생활비와 으뜸이 약값 그리고 나의 등록금과 책값 등의 조달을 위해서 이번에는 아내의 금목걸이를 팔아야 했다. 참으로 염치없는 일이고 마음 아픈 일이었지만 이것저것 생각하기에는 생활이 너무 고달펐다.

더구나 심하게 기침을 해대는 으뜸이는 기침을 할 때마다 조막손에, 있는 힘을 다 주어 안간힘을 썼다. 그 모습이 얼마나 안쓰럽고 보기에 애가 타는지 그야말로 애간장이 다 녹아내리는 것 같았다. 토한 것을 닦아주고 콧물을 씻어주고 하는 일들이 하나도 수고스럽다고 느껴지지 않은 것은 으뜸이가 내 핏줄이기 때문이 아니던가.

빨래가 너무 밀려 새벽 1시가 넘도록 아내와 빨래를 했다. 나는 헹구는 일만 했는데도 무척이나 힘이 들었다. 가족에게로 향하는 끈끈한 정, 그것이야말로 언제나 가족을 하나로 묶어놓는 끈이 아니던가.

지금도 나의 귀에는 "으뜸 아빠!" 하는 아내의 외침이 생생하게 들려온다. 그러니까 으뜸이가 생후 5개월쯤 되던 해 봄이었다.

금산에 사는 처제 결혼에 차비도 마련이 안 돼 부득이 아내만 으뜸이를 업고 성남의 언니 댁으로 갔다. 성남으로 간 아내가 전화를 했다. 언니가 차비를 마련했으니 강남 고속터미널로 나오라는 것이었다.

염치없는 일이었지만 새벽같이 강남 고속터미널로 나갔다. 아침 6시 반에 만나기로 한 아내는 7시 금산행 버스가 떠났는데도 나타나지를 않았다.

아마 기차 편이나 다른 노선으로 가버렸나 보다 하고 발길을 돌리려니 코끝이 찡하고 눈물이 고이기 시작했다. 기침을 심하게 하는 어린 것을 데리고 떠난 아내가 얼마나 고생이 심할까 생각하니 안쓰럽기 그지없는 것이었다. 돈 없는 남편, 무능한 아빠——. 이런 생각이 나로 하여금 더욱 비애에 잠기게 했다.

눈물을 머금고 발길을 집으로 돌리려는 참이었다.

"으뜸 아빠!"

또렷한 아내의 음성이 들려왔다. 어찌나 반갑던지! 이제야 오는구나 생각하고 사방을 두리번거려 아내를 찾아보았으나 그 어디에도 아내의 모습은 보이지 않았다.

그 참 이상하다고 생각한 나는 눈을 크게 뜨고 터미널 경내를 샅샅이 살펴보았지만 끝내 아내의 모습은 보이지 않았다.

아내를 찾기에 지친 나는 허탈한 심정이 되어 썰렁한 대합실의 빈 의자에 털썩 주저앉았다. 나 자신의 모습이 너무도 초라하게 느껴졌다. 서글프다 못해 참담하다는 생각마저 들었다.

대합실의 시계를 보니 눈물이 이롱져 시계 바늘이 희미하게 보이는 가운데 7시 반이 훨씬 넘었음을 알 수 있었다. 이제는 정말 집으로 가야겠다는 생각을 하고 손등으로 눈물을 닦고 났을 때였다.

"으뜸 아빠!"

힐끗 돌아보니 정말 아내의 모습이 보였다. 동서 내외와 셋이었다. 그 때의 반가운 마음이라니! 그야말로 생기가 솟아나는 것이었다. 고속버스에 오른 나는 으뜸이를 꼭 끌어안고 안전띠를 조였다.

백일기침은 백일을 간다더니 으뜸이의 기침은 참 오래도 갔다. 숨이 넘어갈 듯 기침을 해대는 으뜸이는 뼈만 앙상하게 남아 부모로서 차마 보기에 고통스러울 정도였다.

으뜸이 뿐만 아니었다. 으뜸이 병수발에 지칠 대로 지친 데다 생활의 근거마저 잃어버린 아내와 나는 보기에 민망할 정도로 여위어 가기만 했다.

그렇게 생활이 어려웠지만 나는 공부하는 것을 중단할 수가 없었다. 영어를 좀 잘해보기 위해서 정철 카세트를 구입하여 하루 3시간씩 듣기도 하고 원서와 씨름하느라 밤을 새기도 했다.

성경 100독을 목표로 하루 50쪽씩 읽은 것은 물론 양서를 구해 열심히 읽었다. 성경 이야기가 나왔으니 한마디 덧붙여야겠다.

나는 신학교에 입학하고부터 매일 성경 50쪽 이상을 읽었다. 사정에 따라 50쪽을 못 읽는 때도 많았지만 아무튼 하루 50쪽 이상을 목표로 정해놓고 실천하다보니 지금까지 신구약 성경 280독 이상을 했다.

성경을 열심히 읽으면서 체험한 바가 있다. 성경 100독을 하기까지는 남의 허물이 더 크게 보였다. 150독쯤 하니까 나 자신의 허물이 더 크게 보이기 시작했다. 200독을 넘기고 보니까 주님의 뜻이 아주 희미하게 보이는 것 같았다. 주님의 뜻이 희미하게 보였다는 것은 이런 경우를 뜻한다.

성경을 해석하는데 있어서 나의 생각이, 건전하고 유명한 학자의 견해와 자연스럽게 일치한다는 것이며 난관에 부딪치거나 곤혹스런 일을 만났을 때 기도하며 시행하는 일들이 주님의 뜻을 거스르지 않는다는 확신을 갖게 되는 것이었다.

성경을 읽으면서 흘린 눈물의 양도 제법 많으리라고 생각된다. 솟구쳐 오르는 감격에 몸을 떤 경험도 헤아릴 수 없다. 이 설명할 수 없는 은혜를 목회자들은 물론 성도들과도 나누고 싶은 마음이 간절하다.

목사고시 시험관으로 위촉될 때가 있다. 그때마다 나는 후보생들에게 성경을 얼마나 읽었는가를 묻는다. 대답은 참으로 실망스럽기 짝이 없다. 10독 이상을 한 후보생이 별로 없기 때문이다.

성경을 열심히 읽는 것과 성경을 연구하는 것과는 별개의 문제이다. 성경을 연구하는 일은 지식을 쌓는 일에 불과하지만 성경을 열심히 읽는 일은 매일의 식사와 같다. 좋은 영양분을 매끼 식사를 통해 공급받을 때 육체도 정신도 건강한 것처럼 성경을 규칙적으로 많이 읽어야 정신도 영혼도 건강해진다.

이 시대의 교역자들과 목회자들이 성경을 규칙적으로 많이 읽고 정신과 영혼이 건강한 상태에서 교회를 섬기며 이웃을 섬기기를 바라는 마음이 간절하다. 그것만이 실추된 교회의 위상과 목회자의 위상을 회복시키는 첩경이라고 나는 생각한다.

추석이 다가오고 있었다. 어머니와 형님들이 계신 고향을 다녀오자니 차비 마련조차 어려운 형편이었다. 할 수 없이 아내는 으뜸이를 업고 성남 언니 댁으로 갔다. 추석이 다가오고 있으니 아무래도 미장원 일손이 부족할 터인즉 가서 심부름이라도 해주면 추석 쇠러 갈 차비 정도는 마련이 되지 않겠느냐는 계산에서였다.

삐쩍 마른 으뜸이 녀석은 엄마 등에 업혀 앙상한 손으로 빠이빠이를 했다. 눈물이 핑 돌았지만 꿀꺽 삼키고 아내와 으뜸이의 뒷모습을 지켜봤다.

이러고도 나는 남편이요 아버지라 할 수 있는 것인가? 가정 하나 제대로 건사하지 못하는 내가 어떻게 하나님의 양 무리를 돌보겠다고 목회자의 길을 택했는지 한심스럽기만 했다. 그러나 나는 꼭 훌륭한 목회자가 되겠다고 스스로 다짐하면서 입술을 지그시 깨물었다.

생활유지가 지극히 어렵게 된 우리는 다시 성남으로 이사를 했다. 아무래도 성남이 어려운 사람 살기에 적합한 곳이기 때문이었고 또 연줄 닿는 곳도 인천보다는 많아서 교육전도사 자리라도 알아볼 요량으로 이사를 결심했던 것이다.

미용 기구는 마침 성남의 것이 오래 되고 낡아 교체해야 할 형편이어서 처분하기가 수월했다. 성남에 전세방을 얻어들고 우리의 결혼을 주례한 목사님이 시무하는 교회에 출석하여 목사님을 도와 드렸다.

으뜸이의 기침은 아내의 목걸이를 팔아 구입하여 달여 먹인 녹용이 효험이 있었던지, 아니면 백일을 채워 나을 때가 돼서인지 아무튼 기침이 완전히 멎어 건강을 회복해 가고 있었다.

회상에 잠겨 있는 동안 버스가 왔다. 눈물을 손등으로 닦은 나는 버스에 올랐다. 버스는 안개를 가르고 조심스럽게 달렸다. 안개 속에 또다시 아내의 모습이 떠올라 눈시울을 적셨다.

어느 날 저녁이었다. 동네에서는 그야말로 망나니로 알려진 사람이 교회에 나왔다. 그는 술이 취하면 분별력을 완전히 잃고 어린 딸을 초주검이 되도록 두들겨 패는 사람이었다.

교회에 나오기 며칠 전, 아침부터 술에 취한 그는 무슨 일로인지 큰딸을 때리기 시작했는데 큰딸은 이제 겨우 중학교 2학년의 어리고 겁 많은 소녀였다.

매에 못 이긴 딸이 도망을 쳤지만 그는 뒤따라가서 덜미를 낚아채 가지고 매질을 계속했다. 나중에 들은 이야기이지만 그 딸은 곧바로 도망쳐 학교로 가려했다고 한다. 그러나 술 취한 아버지가 학교까지 쫓아올 것이 걱정되어 차라리 그 매에 자신을 맡겨버렸다는 것이었다. 결국 매에 못 이겨 딸은 실신을 했고 그제서야 매는 멎었다.

술에서 깨어난 그는 이래서는 정말 안 되겠다싶어 새사람이 되어볼 결심으로 교회를 찾았다는 것이었다. 그러나 교회 문을 열고 들어오기가 그렇게도 어려웠다고 한다. 그는 용기를 내기 위해 안 먹기로 작정한 술을 그 날 저녁만 딱 한 잔 하기로 작정을 했다는 것이었다.

성령님의 역사였을까? 그날 저녁에 나는 하나님의 사랑에 대해서 설교를 했다.

하나님과 성도의 관계는 부모와 자녀의 관계로 표현이 되는데, 그것은 전적으로 사랑에 의해 맺어진 관계이기 때문이다. 그러므로 하나님께서는 경우에 따라 사랑하시는 성도에게 어려움을 주실 때가 있다. 이러한 때에 성도는 하나님을 떠나서는 안 된다. 예를 들어 육신의 부모가 자식에게 매를 들었다고 하자. 남남 사이라면 대들거나 도망가거나 하겠지만 자식은 매를 맞으면서도 오히려 부모의 품을 파고든다. 왜 그런가? 부모와 자식 간에는 끊으려야 끊을 수 없는 혈연관계로 묶여 있기 때문이다.

이러한 설교 내용에 감동을 받은 그는 예배가 끝난 후 글썽이는 눈물을 닦을 생각도 하지 않은 채 나의 두 손을 잡고 좋은 말씀 들었다며 감격해 마지않는 것이었다. 그 뒤부터 아버지의 매는 완전히 사라지고 말았다.

최만덕 할머니도 잊을 수 없는 분 중의 한 분이다. 80

이 넘으신 노인이 돌보는 이 없이 혼자 살고 계셨다. 그런데 할머니는 교회만 오시면 금방 코를 드르렁드르렁 고시는 바람에 한바탕 웃음판이 벌어지곤 했다.

그러면서도 예배는 빠지지 않고 참석하셨다. 할머니는 날짜 가는 것을 모르기 때문에 주일과 수요일은 꼭 알려드려야만 교회에 나올 수 있었다.

할머니는 잠보라는 별명 외에도 코를 잘 흘린다 하여 '코보 할머니', 욕을 좀 잘한다 하여 '욕보 할머니'라는 명예롭지 못한 별명도 가지셨다. 아무튼 '잠보', '코보', '욕보' 하여 통칭 '삼보할머니'였다.

그 할머니가 그만 임종을 맞이할 순간에 이르렀다. 나는 교인들과 함께 마지막 예배를 드렸고, 동네에서는 장례 치를 준비를 하였다.

그런데 이변이 일어났다. 사람들은 할머니의 운명을 확인하고 장례 준비를 서두르고 있었는데 임종예배를 드린 지 두 시간 정도 지났을 때 할머니가 다시 깨어나신 것이다.

할머니는 의식을 회복하고 나서 느닷없이 천국 다녀온 이야기를 해서 사람들을 놀라게 했다. 그 이야기는 좀 황당무계한 데가 있어서 신빙성이 있는 이야기는 아니지만 그렇다고 할머니는 그러한 이야기를 꾸며서 할 수 있을 만치 말주변이 있는 분도 아니어서 더욱 신기한 일이었다.

그런데 할머니의 천당 갔다 온 이야기는 그렇다하더라도 누구라도 부인할 수 없는 신기한 일이 일어났다. 할머니가 의식을 회복한 후 한 동안(적어도 1개월 이상) 얼굴에는 광채가 났고 그렇게 흘려대던 코가 뚝 그쳐버린 것이었다.

몇 달이 지난 후부터는 다시 얼굴에 기미가 끼고 코도 여전히 흘리셨지만 아무튼 신기한 일이 아닐 수 없었다.

할머니는 아궁이에 때시라고 솔잎 조금 긁어다 드린 것, 들풀 조금 베어다 드린 것, 과일이나 약을 편찮으실 때마다 조금씩 사다 드린 것 등 아주 하찮은 일조차 잊지 않고 늘 고마워하셨다.

할머니의 외손자 중에 중필이라는 청년이 있었다. 그는 7년 전에 가출한 후 소식이 없었다. 중필이 어머니, 그러니까 삼보할머니의 딸이 되는 분은 이웃에 살고 있었는데 가끔씩 교회에 출석하고 있었다.

어느 날이었다. 7년 만에 중필이의 소식을 들었는데 군산지청 검사가 보낸 지청 방문 요청서에 중필이 이름이 언급되어 있었던 것이다.

중필이 어머니는 혼자서는 군산을 찾아갈 능력도 없는 분이었고 그렇다고 친척이나 이웃 사람 중에서 같이 가 줄 만한 사람도 없는 형편이었다. 결국 내가 나섰다.

7년 만에 자식의 소식을 들은 중필이 어머니는 애가 닳아 안절부절 못했고 오랜 만에 외손주의 소식을 들은 삼보할머니도 어쩔 줄 몰라 하셨다.

나는 중필이 어머니와 함께 검사실로 갔다. 생전 처음 가보는 검사실이었기에 어쩐지 위압감이 느껴지는 동시에 남의 눈이 의식되기도 했다.

중필이 어머니와 함께 검사실에 들어섰을 때 제일 먼저 눈에 들어온 건 성경과 찬송가 책이었다. 검사 집무 책상 위에는 〈검사 주명수〉라는 팻말이 있었고 그 옆에 성경과 찬송가 책이 나란히 놓여 있었다. 그것을 보는 순간 마음이 푹 놓일 뿐만 아니라 마치 십년지기를 만났을 때와 같은 반가운 마음이 들었다.

검사는 중필이 어머니의 신분을 확인하고는 나를 향하

여 어떤 관계냐고 물었다. 목사라고 했더니 무척이나 반가워하는 것이었다.

잠시 이야기를 나누는 중에도 검사는 신앙이 퍽 좋은 분으로 판명이 됐고 소신을 가지고 직무에 임하는 자세를 확인할 수 있었다.

그는 검사로서 범죄자를 기소에 붙여 형벌을 받게 하는 것이 목적이 아니라 어떻게 해서든지 신앙적 차원에서 교화하여 새 사람으로 변화시키는 것이 자신의 주 임무라는 소신을 밝혔다.

그러면서 중필이는 초범이고 또 마침 〈이산가족찾기운동〉도 한창이고, 7년 만에 부모를 만난 점 등을 감안하여 석방해 주겠다고 말했다.

중필이 어머니는 수없이 고개를 숙이며 주 검사에게 고맙다는 말을 했고 나도 여러 번 치하의 말을 했다. 그리고 마음속으로는 주님께 감사를 드렸다.

얼마 후 중필이는 수갑이 채워지고 오랏줄에 묶인 채 그 어머니 앞에 나타났다. 7년 만에 만난 어머니와 아들은 서로 눈물만 줄줄 흘리고 있을 뿐이었다. 중필이는 석방 절차를 밟는 동안 다시 교도소로 갔고 나는 주 검사의 손을 잡고 함께 기도했다.

검사라면 불문곡직 죄인을 붙잡아 감옥살이를 시키는 사람으로만 알았는데 세상에는 이런 분도 있구나 싶어 얼마나 고마웠는지 몰랐다.

게다가 주 검사는 교통비도 하고 중필이 맛있는 것도 사 먹이라고 돈까지 주머니에서 꺼내 주는 것이었다. 중필이를 석방시켜주는 것만도 절을 백 번이나 할 만치 고마운 일인데 돈까지 얹어주다니 ―.

중필이 어머니는 그저 고맙고 황송해서 어쩔 줄 몰라 했다. 주 검사는 너무 황송해 하는 중필이 어머니에게 괜찮으니까 돈은 넣어두시고 중필이 데리고 가서 신앙생활 잘하라고 신신당부를 하는 것이었다.

다음 주일날 중필이는 그 어머니와 함께 교회에 나와 예배를 드렸고 그 바람에 나만 더 유명해졌다. 무엇을 모르는 농촌 사람들이니 중필이가 석방된 데에는 나의 힘이 크게 작용했을 것으로 잘못 알고 있었던 것이다.

아무튼 하나님께서는 아무 것도 아닌 나를 이렇게 사랑하시어서 여러 사람들 앞에 돋보이게 해주신 것이니 참으로 감사하고 또 감사할 일이었다.

큰아이 으뜸이가 유치원 입학해서 봄 소풍을 갔던 날이었다. 학생수가 얼마 안 되는 시골학교라서 유치원에서 6학년까지 같은 날 같은 장소로 소풍을 갔다.

아내는 으뜸이 동생 아름이를 업은 채 으뜸이를 따라갔고 나는 이웃 교회 전도사와 함께 자전거를 타고 뒤따라갔다. 목적지는 학교에서 제법 먼 거리에 있었고 근처 인가와도 퍽 떨어진 산중턱의 저수지였다.

날씨도 화창한 봄날, 기분이 참으로 상쾌했다. 더구나 난생 처음으로 학부형이 되어 소풍을 따라가는 것이고 보니 감회도 새로웠다.

근데 이게 웬 일? 저수지 둑에 앉아 도시락을 끌러 몇 숟가락 떠 넣었을 때였다. 갑자기 하늘에 먹구름이 끼기 시작하더니 삽시간에 사방이 캄캄해지며 금방이라도 억수 같은 소나기가 쏟아질 듯 천둥 번개가 쳐대기 시작하는 것이었다.

혼비백산이라는 말을 나는 그때 처음 실감했다. 학생이며 교사들, 그리고 따라온 학부형들 모두가 허겁지겁 뛰어 하산하기 시작했다.

저수지 둑에서 큰길로 나가기 위해서는 작은 내를 건

너야 하는데 사람들은 당황한 나머지 어린이들의 안전을
도모할 여유마저 잃어버린 것 같았다.

교사들마저 통제력을 상실하고 우왕좌왕했다. 당장에
라도 벼락이 떨어질 것 같이 번쩍이는 번개하며 고막을
찢는 듯 우르릉 꽝! 하는 천둥소리, 그야말로 혼비백산
이었다.

저수지 둑에 즐비하게 널려 바람에 나부끼는 휴지조각
하며 쓰레기들 ―. 나는 혼자 남아 이런 것들을 주워 모
았다. 아이들이 놀던 자리를 깨끗이 치우고 휴지는 태워
버렸다.

학생들과 교사들, 그리고 학부형들이 모두 철수하고
난 뒤 마지막 정리를 끝낸 나는 자전거를 타고 힘껏 달
려 사람들이 대피해 있는 근처의 국민학교로 갔다.

내가 국민학교에 도착하자마자 장대 같은 소나기가 쏟
아져 삽시간에 시뻘건 흙탕물이 학교 운동장을 콸콸 흐
르고 있었다.

"과연 목사님이다!"

누군가의 입에서 이런 탄성이 터져 나왔다. 나는 그
소리가 내 귀에 들린 것이 흐뭇한 것보다 무난히 대피하

도록 참아두셨다가 모두 대피한 뒤에 비를 내리신 주님께 또 한 번 감사를 드렸다.

가곡교회에 대한 좋은 소문은 장년뿐만 아니라 유년주일학교와 학생회 부흥에도 큰 영향력을 미쳤다. 특히 내가 전직 중학교 교사였다는 사실이 중고등학생들의 관심을 증폭시켰을 것이고 따라서 학생회를 부흥시키는데 한 몫을 했을 것이라고 생각한다.

가곡 부락에는 중고등 학생이 7명이 있었는데 토요일 학생회 성경공부 시간에는 평균 15명 이상이 참석했다. 다른 부락에 사는 학생들이 참석했기 때문이었다. 학생들은 믿음이 잘 자라서 토요 성경공부 시간뿐 아니라 주일예배는 물론 수요예배에도 열심히 참석했다.

학생들은 예배시간마다 열심히 참석할 뿐 아니라 주일학교 교사와 여름성경학교 행사도 척척 치러내는 믿음의 일꾼들로 성장해갔다. 학생회 헌신예배를 드리는 날은 사회와 대표기도 찬양 등의 순서를 학생들이 맡아 진행했다. 그 실력들이 집사 장로 뺨치게 잘한다고 성도들이 크게 기뻐하며 칭찬하고 사랑하며 아껴줬다.

학생들은 자진하여 즐거운 마음으로 예배에 참석할 뿐

아니라 그 부모들을 재촉하여 모시고 왔다. 그래서 학생을 자녀로 둔 교인들은 '교회 가는 날은 아무개가 먼저 서두르는 바람에 일찍 나오게 된다'고 자랑 아닌 자랑을 늘어놓기도 하는 것이었다.

그 중에도 생환이라는 학생의 경우는 더욱 특별했다. 당시 중학교 2학년이었던 생환이는 학교에서도 선도를 포기한 상태였고 집에서나 동네에서나 아예 관심 밖의 존재였다.

생환이는 내가 부임한 첫 해 부활주일, 예배가 막 시작되려는 시간에 별 이유도 없이 교회 문을 박차고 나가 버렸다. 전임 교역자가 그 애 때문에 무진 애를 먹었다고 했다.

나는 생환이의 선도가 쉽지 않을 것이라는 판단을 했지만 전직 교사의 경험을 살려 우선 그를 인정해 주기로 했다. 아무리 가정에서도, 학교에서도, 사회에서도 인정을 못 받는 처지에 있다 해도 교회에서까지 외면을 당해서는 안 된다는 것이 목회자인 나의 생각이었다.

그런데 생환이가 교회 문을 박차고 나간 일이 있은 후 몇 주일이 지난 어느 날이었다. 저희 친구들끼리 무슨 문제인가를 제시하며 아는 답을 말하기도 하던 중 어느 문제에 이르러서는 아무도 답을 제시하는 학생이 없었다. 그것이 무슨 문제였던가는 기억이 나지 않지만 아무튼 수학적으로 응용력을 시험하는 문제였다.

그 문제를 본 생환이의 표정이 심각해지기 시작했고 눈이 빛나는가 하면 입술은 말없이 달싹달싹 움직였고 연필을 쥔 손이 허공에다 무엇을 쓰는 듯 왔다 갔다 하더니 드디어 그 어려운 문제의 정답을 찾아내고 말았다. 나는 생환이에게 그렇게 진지한 면이 있으리라고는 전혀 생각도 하지 못했다.

그 뒤부터 나는 새로운 시각으로 생환이를 보기 시작했다. 생환이의 담임교사를 찾아가 학교생활에 관해서 묻기도 하고 나의 생각을 들려주기도 했다.

생환이를 위해서 더욱 열심히 기도했고 기회 있을 때마다 좋은 말로 위로하며 격려해 주고 충고의 말도 곁들여서 해줬다. 생환이는 아마 난생 처음 자기를 알아주는 사람이 있다는 것을 인식한 듯 내 말에 잘 따라주었다.

그로부터 생환이는 사람이, 생활이 변화되기 시작했다. 예배 시간마다 열심히 참석했고 학교에서도 별 말썽을 부리지 않았다.

중학교를 무난히 졸업하고 광주에 있는 유수한 고등학교로 진학했다. 입학식이 있은 며칠 후 나는 생환이의 고등학교 담임교사를 방문했다. 내가 생환이의 전력을 이야기 했을 때 담임교사는 무척 놀랍고 신기하다는 표정을 지었다. 그리고 생환이에게 더욱 관심을 갖고 지도해 줄 것을 약속했다.

동네 사람들은 또 '목사님 덕분에 생환이가 새 사람이 됐다'고 입을 모아 칭찬을 아끼지 않았으니 나는 하나님의 놀라우신 섭리와 도우시는 은혜에 감격하여 또 한 번 눈물을 삼켰다.

이런저런 일로 인해 나는 교인들뿐만 아니라 이웃 동네 불신자들 사이에도 '과연 목사님이다' 하는 칭찬을 듣게 되었고 가곡교회에 대한 주위의 인식이 아주 새로워졌다.

어느 날 해남 읍내를 다녀오는 차안에서 연쇄점 부인이 이런 말을 했다.

"목사님 칭찬이 대단하던데요."

나는 그 소리가 너무 송구스러워 이렇게 대답했다.

"과찬이겠죠."

이웃 교회 동역자 부인들도 그 남편에게 '변 목사님께 배울 것이 많으니 깊이 사귀라'고 권면했다는 말을 들었을 때 나는 그 소리가 나 자신을 더욱 갈고 닦으며 수양하라는 채찍으로 받아들였다.

나는 우리 주님의 은혜를 생각할 때마다 눈시울을 적신다. 첫사랑의 실패로 복수하겠다는 엉뚱한 생각에 사로잡혀 이를 갈던 내가 아닌가. 아무짝에도 쓸모없는 내가 아니던가. 진흙과 같은 나, 지렁이 같은 나, 하나님의 눈에는 달이라도 명랑치 못하고 별이라도 깨끗지 못하거든 하물며 벌레인 사람, 구더기 같은 인생(욥 25: 5 ~6)인 나에게 이와 같은 은혜를 주시는지!

이쯤에서 내가 어떻게 목회자의 길을 걷게 되었는지 그 이유를 잠깐 말하고 싶다. 그것은 나의 첫사랑의 실패와 직접적으로 연관이 되기 때문이다. 하나님께서는 나로 하여금 작은 사랑을 잃는 대신 무한하고도 영원한 사랑을 얻게 하셨다.

나는 중학교 3학년 되던 해 어느 봄날, 나를 특별히

존경(?)한다는 어느 여학생과 의남매를 맺었다. 순덕(가명)이라고 하는 그 여학생은 같은 학교 2학년이었는데 공부를 썩 잘해서 입학시험에 1등을 했다.

그러나 워낙 성격이 조용하고 얌전해서 표면에 드러나지 않은 탓으로 얼마 전까지만 해도 순덕이라는 여학생이 2학년에 있었는지조차 모르던 터였다.

"순덕이가 너를 오빠로 삼고 싶대."

학급 친구로부터 이런 말을 들은 나는 참으로 잘됐다는 생각을 했다. 왜냐하면 평소에 우리 어머니께서 수양딸을 하나 데려다가 길렀으면 좋겠다는 말씀을 늘 하셨다. 우리 어머니는 아들 다섯에 딸 둘을 낳으셨는데 전염병으로 아들 둘과 딸 둘을 몇 달 사이에 다 잃고 달랑 삼형제만 남았다. 평소에도 잃은 딸 생각을 많이 하셨던 것 같았다.

나는 우선 어머니에게 말씀드렸고 순덕의 보호자인 큰언니에게도 허락을 받았다. 순덕의 부모님은 서울에서 장사를 하고 있었기 때문에 시골에는 순덕이와 언니 둘, 이렇게 셋이서 살고 있었던 것이다.

우리가 의남매를 맺은 사실에 대해 어머니는 무척 좋

아하셨고 순덕의 큰언니도 잘 됐다는 말로 우리를 격려해 주었다. 순덕에게는 위로 언니가 둘, 아래로 여동생 둘과 남동생이 둘 있었지만 평소에 오빠가 있는 친구들을 무척이나 부러워했기 때문이었다. 우리는 의남매를 맺은 기념으로 사진관에 가서 나란히 앉아 사진을 찍었다.

그런데 학교에서는 의남매를 맺는 것은 교칙에 위반사항이라는 이유를 들어 우리에게 일주일 근신에 반성문 7장을 제출하라는 벌칙을 내렸다. 이와 같은 사실이 학교 게시판에 나붙자 순덕은 부모님이 계신 서울로 가버렸고, 그 일로 인해 나는 그리움이라는 것이 얼마나 사람의 애간장을 녹이는 것인지 뼈저리게 느꼈다.

중학교를 졸업한 나는 장학생 시험에 합격하여 서울에서 자취를 하며 학교를 다녔고 순덕과도 자연스럽게 만날 수 있었다. 우리는 어느 새 의남매의 벽을 넘어 연정의 포로가 되어 있었다.

난생 처음 사랑을 고백한 순덕은 자신의 얼굴을 내 가슴에 묻었고 나는 그 얼굴을 두 팔로 감싸 안았다. 순덕과 나의 두 눈에선 똑같이 이슬 같은 눈물이 반짝이었다. 그러나 우리는 아무 것도 의식하지 못했다. 난생 처음 진한 감동으로 정신을 잃어버리는 황홀을 맛본 것이다.

순덕과의 포옹이 있은 그 다음 주일, 우리는 난생 처음의 데이트를 나의 자취방에서 가졌다. 그날 우리는 난생 처음의 입맞춤을 나누었다. 나의 입술이 순덕의 입술에 포개지는 순간 나는 또 한 번 완전한 무아경에 빠지고 말았다.

그렇게 우리의 사랑은 무르익어갔고 고등학교를 졸업하고 통신과정으로 농학(農學)을 공부하던 나는 입영통지서를 받고 군에 입대했다. 3년의 군복무를 마치고 제대한 나는 농촌지도자가 될 결심을 하고 순덕에게 동반자가 되어줄 수 있겠느냐고 물었다. 그러나 순덕의 반응은 의외로 냉담했다.

"난 농촌에서 안 살 거야."

참으로 실망이 되었다. 순덕의 단호한 그 말 한 마디는 이제껏 품어오던 나의 꿈을 한 순간에 깨버리고 말았다. 순덕이 없는 나의 삶을 상상이나 할 수 있을까? 순덕은 나의 전부요 나는 순덕의 모든 부분이었다. 나는 일단 농촌에 대한 꿈을 접을 수밖에 없었다.

나는 당분간 농촌에의 꿈을 접어두고 서울로 가서 자그마한 월간 잡지사 편집부에서 일을 하게 되었다. 비록 보수도 형편없고 장래성도 보장할 수 없는 그런 잡지사였지만 이력과 경력을 쌓을 수 있는 한 계기는 되었다.

잡지를 편집하는 일에서부터 기사를 취재하여 작성하는 일, 교정을 보는 일 등 나는 모든 일에 빨리 익숙해지기 위해 나름대로 열심히 노력했다.

어느 날이었다.

희생과 봉사로써 자아를 개척할 분 모심. 공민학교임.

석간신문을 펴든 나의 눈을 끄는 광고기사가 있었다. 호기심에 곧바로 다이얼을 돌렸다. 책임자인 듯한 사람이 간단히 학교를 소개했다.

고등공민학교로서 기초 작업은 거의 끝났으나 교사 인선 작업이 남아 있다는 것, 당분간 희생과 봉사 정신으로써 임해야 할 것이며 그리하노라면 자아를 개척할 수 있으리라는 것, 아울러 면접은 내일 오후에 실시하며 위치는 성남 시청 앞의 양지학교라는 것 등을 알려주었다.

희생과 봉사라는 말에 마음이 끌린 나는 잡지사에 사표를 내고 성남으로 갔다. 양지학교는 한전에서 임시 사용하다 비워둔 건물을 무단 점유하여 교실로 사용하고 있었다. 학생은 모두 20여 명 되었다. 중학 과정으로서 학비는 무료였으며 교사들은 모두 자원봉사자들이었다.

당시 성남시는 한창 신도시 조성이 진행 중이었는데, 서울 변두리에서 강제 철거를 당해 이주한 사람이 대부분이었다. 생활이 어려워 정규 중학교에 진학하지 못한 아이들이 많았다. 그러나 양지학교는 고등공민학교 인가도 없는 터라 학생모집이 쉽지 않았다.

그렇지만 나는 다른 교사들과 함께 열심히 뛰어다니며 신입생을 모집했다. 60여 명을 모집했고 편입생도 10여 명 와서 학생 수는 일약 100여 명으로 불어났다.

학교에서는 학생들의 정신 훈련과 생활 훈련을 위해 매일 아침 운동장 조회를 했다. 그 시간에 제식훈련을 비롯하여 인사예절 및 언어예절 등을 철저히 가르쳤다. 하루도 빠짐없는 지도와 훈련을 통해 교내 환경정리와 수업 분위기는 물론 예절생활에 이르기까지 아이들은 몰라보게 달라져갔다.

정규학교 학생들보다도 오히려 규모 있고 절도 있는 학생들로 차츰 변해갔다. 이와 같은 변화를 통해 학교에 대한 학생들의 관심이 달라졌고 학교를 바라보는 주위 사람들의 시선도 달라졌다.

나는 1학년 담임을 맡았다. 열심과 정성, 그리고 사랑으로 아이들을 가르쳤다. 점심시간에 보면 아이들 대부분이 도시락이 없었다. 그들 중에는 도시락을 가지고 다니기가 귀찮거나 반찬이 초라해 안 가져오는 학생도 있었지만 거의가 도시락을 쌀 형편이 못되었다.

그런 아이들이 배워보겠다고 하루도 빠지지 않고 출석하는 걸 보면 그들이 한없이 기특하고 고마운 마음이 들었다. 특수한 환경 속에서 살아가는 대부분의 아이들은 정서가 안정되지 않아 배우는데 열의가 없고 산만하기 십상이다. 그러나 우리 반 아이들은 전혀 그렇지가 않았다. 어쩌다 한 명 결석생이 있다면 그는 몸이 아프거나 부득이한 사정 때문이지 결코 학교 오기가 싫어서 결석하는 일은 없었다.

새 학기가 시작되자마자 나는 곧바로 가정방문을 실시

했다. 나는 60명 중 한 가정도 빠짐없이 모두 돌아보기로 마음먹고 신중하게 방문 계획을 짰다.

학부형들은 모두 반갑게 맞아주었다. 더구나 도무지 학습의욕이 없어 학교생활을 못할 것이라고 생각했던 아이가 중학교랍시고 학교 같지도 않은 학교에 가더니 학습에 의욕을 보일뿐더러 어찌나 어른스러워졌는지 대견해 못 견디겠다며, 그것이 모두 선생님 덕분이라고 잔뜩 칭찬을 늘어놓았다.

학부형 중에는 변 선생님이야말로 진짜 선생님이라고, 듣기조차 민망한 말로 추켜세우는 사람도 있었다. 특히 이우룡(가명)이라는 학생의 어머니는 눈물마저 글썽이기도 했다. 우룡이의 어머니는 입학식 날도 눈물을 글썽인 사람이었다.

입학식 날 우룡이는 코를 흘리고 있었다. 지금은 유치원생 중에도 코를 흘리는 아이가 없지만 옛날에는 국민학교 입학생들은 가슴에 코 수건을 차고 다녔고 어른 중에도 코를 많이 흘려서 '코보'라는 별명을 가진 사람도 있었다.

나는 얼른 손수건을 꺼내 학생의 코를 닦아주었다.

"선생님이 코를 닦아 주시네요."

나에게 고마움의 뜻을 표하는 우룡의 어머니 눈에는 눈물이 반짝이고 있었다. 학부형에게 칭찬을 들은 나는 일면 송구스러우면서도 더할 수 없이 기쁜 마음이 드는 것이었다. 아울러서 이것이 교육의 보람인가 하는 생각도 들었다.

어떤 학부형은 택시라도 타고 가라며 봉투를 내밀기도 했다. 한사코 뿌리쳤지만 약소해서 그러느냐고 서운한 표정을 짓는 것을 보고는 일단 받아서 주머니에 넣어두었다.

학교에 돌아와 생각하니 아무래도 그 봉투를 받은 게 마음에 걸렸다. 나는 학부형의 성의를 생각하여 일부는 학급 전체를 위한 일에 사용하고 나머지는 모두 학용품을 사서 그 학생에게 돌려줬다.

학교의 규모가 점점 확대되자 위기의식을 느낀 시청에서는 학교 건물을 헐어버렸다. 참으로 난감하던 때 근처의 새마을학교에서 학생과 교사들을 흡수하겠다는 의사를 밝혀왔다. 자연스럽게 합병이 이루어졌다.

새마을학교는 주간 반은 중학 과정만 두어 3년 체제로

운영했고 야간은 중·고 과정을 두어 2년 체제로 운영하
고 있었다.

새마을학교에서도 나는 열심히 학생들을 가르쳤다. 학
생들도 열심히 배웠다. 특히 고등부 야간반 학생들은 거
의가 직장인들로서 나이가 꽤 든 학생도 여러 명이 있었
다. 어떤 학생은 가정 형편이 어려워서 못했던 공부를
계속하는 이들도 있었고, 또 어떤 학생은 자기 스스로
공부를 포기했다가 막상 사회생활을 하다 보니 고등학교
졸업장이 얼마나 요긴하게 사용되는지를 뼈저리게 깨닫
고 정말 열심히 공부하는 이들도 있었다.

나는 열심히 그들을 가르쳤다. 내 나름대로 할 수 있
는 정성을 다 했다. 나는 그들을 위해서라면 나의 일생
을 희생해도 좋다는 생각까지 했다.

내가 담임을 한 고등부 졸업반 학생 중에 송자(가명)
라는 여학생이 있었다. 독실한 기독교 신자인 송자는 끈
질기게도 나를 전도했다.

"선생님, 내일 교회 오세요."

토요일만 되면 송자는 어김없이 나에게 교회 오라고
졸랐다. 나는 교회 가고 싶은 마음이 전혀 없었지만 선

선한 대답으로, 혹은 고개를 끄덕임으로 말없는 약속을 해버렸던 것이다. 그러나 약속을 지킬 마음으로 대답을 한 것은 아니었다.

일요일이면 교회보다는 오히려 교회 바로 옆에 있는 포장마차 '김칫집'에 더 관심이 많던 터였다. '김칫집'은 이름 그대로 김치 맛이 일품이었다. 감칠맛 나는 김치에다 약주 서너 잔, 게다가 갈비 한 대 곁들이는 그 아기자기한 시간을 만끽하기 위해 나는 거의 일요일마다 김칫집을 찾았던 것이다.

그러다가 송자와 약속한 일이 생각 나 양심을 자극해 올 때면 예배가 거의 다 끝날 때쯤 되어 교회 맨 뒷자리에 앉아 있다가 축도가 끝나기 전에 잽싸게 나와 버리곤 했다. 그렇게라도 하므로 나는 송자와의 약속을, 비록 충실치는 못해도 그런 대로 지켰다는 구실로 삼았던 것이다.

그렇게 몇 달 동안 교회를 다니다보니 나는 등록교인이 됐고 어느 부활주일에는 반 강제로 세례도 받았다. 내가 세례를 받자 송자는 뛸 듯이 기뻐했고 그 뒤부터는 더욱 열심히 나를 교회로 인도했다.

나의 믿음은 세례 받기 전이나 세례를 받은 후나 조금도 변한 게 없는 상태인데도 불구하고 송자는 나를 확실한 기독교인으로 인정하고 있는 것 같았다. 어떤 날은 김칫집으로 발길을 옮기다가도 기뻐하는 송자의 모습이 눈에 선해 교회로 발길을 돌린 적도 있었다.

끈질기게 전도하여 나를 세례교인으로 만든 송자는 내 일생을 통해서 잊을 수 없는 은인 중 한 사람이라고 생각한다. 그리고 목회자로서 교회를 섬길 때 그와 같은 끈기로 목회한다면 결코 실패하지 않으리라고 확신한다. 물론 그 당시에는 토요일마다 교회 오라고 조르는 것이 귀찮기만 한 일이었지만 말이다.

그렇게 몇 달이 지났다.

여름방학이 거의 끝나갈 무렵의 어느 토요일 오후였다. 불현듯 순덕이 보고 싶었다. 주머니 사정을 살펴보니 서울 다녀올 차비는 될 것 같았다. 순덕의 집 근처에서 돼지고기 한 근을 사 든 나는 설레는 마음으로 대문을 열고 들어섰다.

그러나 누가 알았으랴!

순덕은 이미 남의 사람이 돼 있었다. 외국인 선교사와

결혼하여 곧 호주로 떠난다는 것이었다. 술을 잔뜩 퍼마신 나는 만시창이가 되어 어떻게 왔는지도 모르게 성남으로 왔다.

그리움과 절망, 삶에 대한 의욕 상실 —. 며칠을 술로만 지내던 나는 세상에서의 나의 삶을 종결짓기로 마음먹었다. 그리고 그 방법으로는 단식을 선택했다.

자포자기, 자학 그리고 뚜렷한 방향을 알 수 없는 반항심 등이 뒤얽혀 나를 괴롭히는 가운데 나는 나 자신의 몸에 가능한대로 오래 동안 고통을 가하자는 것이 단식을 자살의 방법으로 택한 첫 번째 이유였다.

그리고 오랜 동안의 고통 속에서도 지난날의 아름다웠던 추억들을 되새기며 그 순간의 즐거움을 다시 한 번 체험하는 중에 마지막 숨을 쉬자는 것이 계산된 또 하나의 이유였다.

단식하는 중 배가 고파 허기는 지지만 정신은 더욱 새롭고 총총해지는 것이었다. 기력은 점점 쇠약해지는데 방바닥에 드러누워 지난날을 생각하니 만감이 교차하는 것이었다.

사람이 며칠이나 굶으면 죽는 것일까? 뱃가죽이 등에

붙는 것 같고 기력은 탈진하고 입에는 침이 바싹바싹 타 들어 가고……

그렇게 사흘인가 나흘인가 지났다. 한 여학생이 찾아 왔다. 인숙(가명)이라는 그 여학생은 그야말로 주경야독 하는 고등부 졸업반 학생이었다. 인숙은 일반 학생들 같지 않게 행동거지가 조신했다. 학교에서는 물론 회사에 서도 윗사람들의 굄을 받는 학생이었다.

"선생님, 식사하러 가세요."

단식으로 생을 마치려는 내 의도를 알 리 없는 인숙은 저녁 먹으러 가자고 재촉했다.

"식사? 난 그냥 굶어 죽으련다."

힘없는 모습으로 이렇게 말하는 내 입가에는 고소가 머금어졌다. 그러나 나의 말을 받은 인숙의 대답 한 마디가 그대로 내 가슴에 꽂혔다.

"선생님, 그분(순덕이) 생각은 그만 잊으세요. 혹시 하나 님께서 더 큰일하시라고 그분과 갈라놓으셨는지도 모르 잖아요."

"더 큰일?"

나의 귀가 번쩍 띄었다.

더 큰일이라……. 인숙은 별 의미 없이, 단지 나를 위로하기 위한 뜻에서 한 마디 던진 것인지도 모른다. 하지만 이상하게도 나의 귀에는 큰 의미를 담은 말로 들려왔다.

나는 마치 지남철에 쇠붙이 끌려가듯 인숙을 따라 식당으로 갔다. 인숙이 권하는 대로 설렁탕 한 그릇을 다 먹어버렸다.

굶어죽겠다고 단식을 하던 녀석이 죽음의 문턱에도 이르기 전에 설렁탕으로 배를 채우다니, 작심삼일이란 필경 이런 경우를 두고 생겨난 말일 것이라는 생각이 들었다.

내가 단식을 철회한 것은 '더 큰일이라는 말'의 알 수 없는 힘에 이끌린 탓도 있겠지만 그 보다는 우선 고픈 배를 채울 그럴 듯한 구실이 생겼기 때문일 것이다.

아무튼 송자와 인숙은 '내 삶의 전환점'이라는 차원에서 대단히 중요한 위치를 차지하는 사람들이다.

그렇게 또 몇 달이 지나졌다. 그 동안 나는 순녁을 완전히 잊으려 했지만 그럴수록 순덕에 대한 그리움은 더

욱 짙어졌고 그리움의 농도가 짙어질수록 섭섭한 마음과
원망스런 마음도 따라서 짙어지기만 했다.

더구나 순덕을 나에게서 빼앗아간 자식이 눈깔이 새파
란 외국 놈이라는 사실이 나의 자존심을 몹시도 건드렸
다. 그것도 그 외국 놈이 선교사, 즉 목사라는 사실에
나는 더욱 큰 분노를 느꼈다.

상처받은 사람의 마음을 어루만져 녹여주고 그리스도
의 사랑을 듬뿍 나누어줘도 시원치 않을 그 목사가 남의
마음을 이렇게 아프게 하다니, 이런 걸 응징하지 않는다
면 오히려 하나님이 노하실 것이라는 엉뚱한 생각이 들
었다. 그래서 한 때는 지구 끝까지라도 쫓아가서 복수하
리라는 생각을 하기도 했다.

그러던 중 나는 어떤 여학생에게 이끌려 교회 부흥회
에 참석하게 되었다.

그런 걸 가지고 기적이라고 해야 할지 돌발 상황이라
고 해야 할지 알 수는 없으되 아무튼 기상천외한 일이
벌어지고 말았다.

목사의 설교가 어느 정도 진행되었을 때였다. 느닷없
는 불덩이가 내 가슴을 때리고 지나가자마자 나는 그만

신의 존재 앞에 굴복하고 말았다. 부끄러움이나 수치, 체면 따위는 아랑곳없이 눈물이 철철 흘렀고 통곡이 그치지를 않았다. 나의 눈앞을 스치고 지나가는 것은 지난날에 지은 죄악의 모습뿐이었다.

나는 어려서부터 양순하고 온순하며 공부 잘하고 인사성 밝은 아이라는 칭찬만 듣고 자랐다. 그래서 나는 별로 잘못한 일도 없거니와 더구나 죄라는 것은 알지도 못하는 아주 선량한 사람이라는 자부심을 갖고 있었다.

그런데 이게 웬 일인가! 어디서 그 많은 죄가 톡톡 튀어나오는지 나의 몸은 온통 죄악으로 뭉쳐 있는 것이 보였다. 나는 그 죄악의 무서움에 떨었고 회개하는 마음으로 엉엉 울었다. 나는 도저히 용서받을 수 없는 죄인이라는 인식이 나로 하여금 오열을 금할 수 없게 만들었다.

울다보면 어느새 집회는 끝나버렸고 교인들은 한 명도 남김없이 다 돌아가고 없었다. 부흥회 기간을 내내 그렇게 보냈다.

이제까지 실아온 나의 모습이 어쩌면 그렇게 더럽고 추잡한 삶이었던지! 더구나 예술가는 무슨 일이든 다 경험해야 된다는 구실 아래 뒷골목의 직업여성을 찾아 음란한 행위를 한 일이라든지, 지나칠 정도로 술을 퍼먹어 거의 이성을 잃어버린 상태에서 욕설과 상소리를 거침없이 내뱉고도 부끄럽다는 생각조차 갖지 못하던 일 등이 모두가 송곳이 되어 내 양심을 찔러왔다.

자신은 이렇게 추잡한 짓을 저지르고도 순덕이 선교사와 결혼했다고 하여 그를 원망, 증오, 저주하며 복수의 칼을 시퍼렇게 갈고 있었으니 나는 얼마나 경망한 인간이며 용서받지 못할 패륜아인가!

나의 죄를 들춰내려면 한도 끝도 없었다. 살아온 자취가 모두 죄의 모습이요, 걸어온 자국마다 가득가득 고인 것은 죄의 핏물뿐이었다.

반면 하나님께서 외아들 예수를 십자가에 매달아 죽이신 것이 나 같은 죄인을 향한 엄청난 사랑의 결과라는 사실을 깨닫게 되었고 어려서부터 들어온 성경의 진리가 생생하게 되살아나 확신을 갖게 하는 것이었다.

하나님의 그 큰 사랑을 깨닫지 못하고 이제까지 헛된 삶을 살아온 것이 얼마나 억울하고 원통했던지!

나는 부흥회를 통해 은혜 받은 바를 매일 매일 일기장

에 기록해 두었다. 그 중에는 이런 글도 있다.

〈2월 ×일 수요일 맑다〉

지금 나는 새벽 예배를 마치고 와 성경을 읽은 후 이 글을 쓴다.

이렇게 은혜 받은 마음, 정화된 마음, 성스런 마음으로 일기를 쓰는 것이 무척 기쁘다.

나의 죄를 회개하며 자복하는 중에 나는 말할 수 없는 뉘우침으로 인해 어깨를 들먹이며 흐느껴 울지 않으면 안 되었다. 이제까지 살아온 나의 삶이 전부 죄악이요 내 마음이 너무도 간악하여 남을 속이고 저주하고 증오하고 멸시한 그런 삶이었다.

또한 평소의 나는 좀처럼 눈물을 흘리지 못하는 성격이었다. 그러나 오늘 아침 모든 것을 주님께 고하고 용서를 빌 때 내 마음을 성령께서 감동하시니 돌 같은 마음이 부드럽게 되고 받은 은혜가 감격스러워 마구 흐느껴 울었다.

눈물이 범벅이 된 얼굴을 성경책 속에 묻고 오열할 때 나의 큰 죄가 더욱 나를 슬프게 하며 회개하는 마음이 나를 못 견디게 만들었다.

이렇게 절실히 회개하며 눈물을 뿌리고도 내가 또 죄를 짓고 증오 저주 시기 질투 – 이런 마음을 가질 수 있을까? 나는 다시는 이런 악한 마음이 나를 지배하지 못하게 해 주십사 하고 간절히 기원했다.

나는 마음의 때를 눈물로 씻고 성령에 감화된 마음을 죽을 때까지 유지하여 정말로 누가 보아도 깨끗하고 거룩한 사람이 되겠다.

부흥회가 끝난 후 나는 새로운 결심을 했다.

'신학을 공부하자. 참된 목회자가 되어 시골오지나 낙도로 가자. 그도 아니면 교도소나 나환자촌 등 소외받는 사람들을 찾아가서 고통당하는 사람들의 아픈 가슴을 위로해 주고 어루만져 주자.'

결심이 선 즉시 신학교에 입학했다. 하나님께서 은혜를 주시어서 중학과정의 야간기술학교에서 강의하며 기숙사 사감의 일도 보게 되었다. 사감의 일을 보면서 나는 삐뚤어진 사회의 한 면을 보게 되었다.

어느 날이었다. 자정이 거의 다 되었는데 경숙(가명)이라는 여학생이 상담을 요청해왔다. 경숙이는 학교 기숙사에 기거하며 교내 전자실습실에서 작업을 하는 3학년 여학생이었다.

스스로 상담을 요청하고서도 쉽게 입을 열 것 같지 않던 경숙이 한참 만에 털어놓은 이야기를 들은 나는 기가 막혀 말문을 열 수가 없었다.

두 사람의 남자 교사에게 성폭행을 당했다는 경숙은 눈물을 뚝뚝 떨구며 나의 품을 파고들었다. 나는 경숙의 등을 어루만지며 위로했다.

그 동안 고통인들 오죽했겠으며 상심인들 얼마나 컸을까. 그래도 오늘까지 큰일(자살이나 가출, 탈선 등)을 저지르지 않고 잘 견뎌주었구나 생각하니 경숙이 참으로 기특하게 보이는 것이었다.

새벽이 가까워오자 경숙은 잠을 이기지 못해 고개가 자꾸 앞으로 숙여졌다. 나는 경숙을 나의 침대에 눕히고 이불을 덮어줬다. 경숙을 위해 잠시 기도한 후 교무실로 가서 눈을 붙였다.

그런데 그 며칠 후부터 요상한 소문이 학교에 나돌기 시작했다.

'경숙이가 새벽에 변 선생 방에서 나왔다!'

다 큰 여학생이 총각 선생 혼자 사는 방에서 새벽에 나왔다는 것은 이유야 어떻든 그 사실 하나만으로도 의혹의 대상이 될 수 있을 터였다.

내막을 모르는 사람들이야 입방아를 찧을 수 있다 하자. 그렇지만 경숙의 마음에 상처를 입힌 장본인이 맨 앞장서서 나를 매도하는 데는 그야말로 할 말을 잃고 멍해질 수밖에 없었다.

그는 학교의 이사라는 막강한 힘을 이용해 어떻게든 나를 학교에서 몰아내려 했다. 그러나 자신의 약점이 너무도 치명적이었던 탓으로 내 앞에서는 민망할 정도로 저자세가 되었다.

그러면서도 기숙사 학생들과 교사들에게는 변 선생과 모 여학생과의 관계가 심상치 않다는 소문을 은근히 퍼뜨리고 다녔다.

그런데 경숙이와 몇 번의 상담을 통해 알아낸 사실이지만 경숙의 성적욕구는 거의 병적이라는 것이었다. 하루 밤도 남자의 품에 안기지 않고는 못 견디는 그러한 증세를 의학적으로 뭐라고 하는지 모르겠지만, 아무튼 경숙이 한밤중에 나에게 상담을 요구한 의도 자체가 불순하기 짝이 없었다는 사실을 알게 되었다.

나와 상담을 한 며칠 후 경숙은 어디론가 자취를 감추어 버렸다. 경숙이 갈만한 곳은 다 알아보았지만 경숙은 그 어디에도 없었다. 나는 경숙의 담임선생과 함께 백방으로 수소문해 보았지만 경숙의 자취는 사흘이 지나도록 오리무중이었다.

나는 사흘 밤을 교무실에서 새다시피 하면서 경숙이 돌아오기를 기다리며 새벽마다 교회에 가서 기도했다.

사흘이 지난 점심시간이었다. 여학생 기숙사를 돌아보는데 경숙이 들어와 있는 것이 보였다. 반가운 마음과 함께 그 동안 애를 태우던 생각이 나며 분노가 치솟았다.

나는 경숙의 뺨을 세차게 후려쳤다. 얼마나 세게 때렸던지 경숙은 그 자리에 주저앉고 말았다. 그 후부터 나는 경숙에게 특별한 관심을 가지고 상담했고 또 교회로 인도했다. 그리고 교사의 자세를 한 번 생각해 봤다.

아무리 병적인 여학생이 스스로 접근해온다 하더라도 바른 길로 인도해야 할 막중한 책임을 진 사람이 바로 교사가 아닌가. 항차 그것을 악용하다니, 사회가 병들지 않고서야 어찌 이런 일이 벌어질 수 있단 말인가.

자신에 대한 나의 관심이 각별하다는 것을 안 경숙은 나를 절대 신임하게 되었고 나의 말을 잘 따라주었다.

학생들 중에는 불량단체에 가입하여 중학생으로서는 상상도 할 수 없이 끔찍한 사고를 저지르는 경우도 있고 가출을 하여 부모의 애를 태우는 경우도 종종 있었다.

나는 학생들 중에 어려운 일이 있거나 특별히 기도할 필요가 있을 경우 며칠씩 금식을 하며 기도했다.

이러한 나의 의중을 알게 된 경숙은 내가 금식을 하는 눈치가 보이면 자기도 금식을 했다. 어느 날 우연히 경숙의 일기장을 보게 되었는데 거기에는 이렇게 쓰여 있었다.

오늘도 변 선생님이 금식을 하신다. 선생님이 식사를 안 하시는데 내가 어떻게 밥을 먹을 수 있겠냐. 선생님이 식사를 안 하시면 나도 밥을 안 먹겠다.

몹시 춥던 어느 겨울날이었다. 기숙사에 연탄가스가

스며들었다. 세 명의 여학생이 머리가 아프다며 일어나지를 못했다. 다행히 병원으로 데려갈 정도로 위험한 상태는 아니었다. 나는 여기숙사 사감의 협조를 얻어 그들을 정성껏 보살폈다.

무엇보다도 학생들에게 신앙심을 길러주기를 원했던 나는 그 아이들의 손을 잡고 기도해 주었고 이마를 짚어주며 손발을 주물러 주었다. 또한 침술을 익혔기에 머리 통증을 누그러뜨리는 혈에 침을 놓아 주기도 했다.

응급처치를 마친 나는 신학교에 가서 강의 한 시간을 듣고 서둘러 기숙사로 돌아왔다. 그런데 이게 웬일인가, 머리가 아프다며 누워 있는 아이들이 여덟 명이나 되었다.

아이들의 요구가 따듯한 손길과 관심의 대상이 되는 것이라는 사실을 갈파한 나는 일부러 당황한 모습을 보이며 아이들의 이마를 짚어주며 손발을 주물러 주고 머리에 손을 얹고 기도도 해 주었다.

일부러 아픈 척하며 누워 있던 아이 중에는 웃음을 참지 못해 결국 킥킥 웃어버리고만 아이도 있었다.

적어도 8시간은 전자실습실에서 일해야 하는 하루의

일과를 거부한 그들이었지만 나는 아이들이 밉지 않았
다.

기말고사 결과 성적이 그 반에서 최하위였던 어느 여
학생은

"네가 제일 꼴찌다."

무심히 던진 담임교사의 말 한마디에 충격을 받아 수
면제를 먹어버린 경우가 있었다.

그 여학생은 성적은 최하위였을망정 성실성과 착실한
면에서는 최상위를 차지할만한 학생이었다.

"선생님 큰일 났어요. ○○이가 수면제를 먹었어요."

기숙사생 하나가 점심을 먹고 있는 나에게 가만히 알
려줬다.

"뭐?"

나는 깜짝 놀라 여학생 기숙사로 달려갔다. ○○이는
인사불성이기는 했지만 위험한 정도는 아닌 것 같았다.
○○이 머리맡에는 수면제를 먹기 전에 쓴 것 같은 낙서
종이가 구겨진 채 뒹굴고 있었다.

나는 왜 공부를 못할까. 나는 왜 머리가 이렇게 나

뿔까.

자신의 우둔한 두뇌를 비관하는 내용의 낙서였다. 공부를 좀 못하면 뭐 어때서, 머리가 둔한 것이 무슨 흉이 된다고, 이렇게 착하고 성실한 ○○이를 괴롭히는가 하는 생각을 하니 ○○이가 말할 수 없이 가엾고 측은해지는 것이었다.

나는 잠꼬대인지 헛소리인지 가끔 중얼거리며 수면상태에 있는 ○○이를 끌어안고 기도해 줬다. 그리고 몇몇 여학생들에게는 ○○이가 수면제를 먹었다는 말을 일체 하지 말라고 단단히 주의를 주었다.

○○이는 곧 깨어났지만 그로부터 심한 우울 증세를 보였다. 나는 좋은 말로 위로하고 달래는 한편 신앙생활을 더 열심히 할 수 있도록 독려하고 격려해 주었다.

워낙 착한 탓이었던지 ○○이는 얼마 안 가 곧 정상을 회복했을 뿐더러 더욱 열심히 공부하는 모습을 보여주기도 했다.

그 후 10여 년이 지난 어느 날 뜻밖의 편지 한 장을 받았다. ○○이 보낸 것이었다. 고등학교에 진학해서 열

심히 공부한 결과 좋은 성적을 올려서 담임교사의 각별
한 사랑을 받았다는 내용이었다. 편지 속에는 결혼사진
도 들어 있었다.

○○이가 정상을 회복하여 열심히 공부하던 어느 날
밤이었다.

"선생님, 귀옥(가명)이 좀 달래주세요."

○○이가 작은 소리로 말했다. 귀옥이는 ○○이와 단
짝 동무였다.

"왜?"

의아해 묻는 나의 말에 ○○이는 머뭇거리는 말로 귀
옥이의 사정에 대해 말해주었다. 귀옥이가 의붓아버지에
게 유린당했다는 것이었다.

'세상에……'

나는 귀옥이가 있다는 4층의 3학년 교실로 올라갔다.
밤 10시가 넘은 시간의 어두운 교실은 그야말로 유령이
라도 나올 것같이 괴괴하고 음산했다. 장정이며 신앙으
로 무장한 나 자신도 선뜻 들어가기 싫어지는 그런 분위
기였다.

그런 곳에 귀옥이는 책상에 얼굴을 묻은 채 엎디어 있

었다. 나는 아무 말 없이 귀옥이의 등에 손을 얹고 기도했다. 귀옥이의 딱한 처지에 연민을 느낀 탓인지 나의 기도소리는 울먹이는 소리로 변했다. 그와 함께 귀옥이의 어깨가 몹시 들먹였다.

나는 기도 외에 아무 말도 하지 않았다. 아무 말도 하지 않는 것이 효과적이라고 생각했기 때문이 아니라 도대체 무슨 말로 위로해 주어야 할지 적절한 말을 찾지 못했기 때문이었다.

나는 귀옥이를 여자 기숙사에서 생활하도록 배려해 주었고 ○○이로 하여금 귀옥이 곁에 있어서 만의 하나 있을 지도 모를 불의의 사고에 대비하도록 세심한 주의를 기울였다.

참으로 고맙게도 귀옥이는 더 이상 나에게 걱정을 끼쳐주는 일 없이 착실하게 공부하여 ○○이와 함께 중학교를 졸업하고 고등학교에 진학했다.

어느 해 어버이날이었다. 그날은 마침 공휴일이어서 나는 기숙사의 학생들과 함께 관악산 유원지에 가서 하루를 슬길 계획을 세웠다.

그런데 유독 여학생 하나가 자기는 개인 사정이 있어

서 함께 가지 못하겠다고 고집을 부렸다. 나는 얼마나 급박한 사정인지는 몰라도 단체생활에서는 개인 사정이 고려될 수 없다는 이유를 들어 동참할 것을 강요했지만 그는 끝내 빠지고 말았다. 나는 무척 언짢은 마음으로 그날을 보냈다.

그런데 그날 저녁이었다. 늦은 밤 내 방으로 들어온 나는 편지 봉투 하나가 책상 위에 놓여 있는 것을 보았다. 겉봉에는 아무 글씨도 씌어 있지 않았다. '누가 갖다 놓았을까?' 이상하게 생각하며 겉봉을 뜯었다.

〈반성문〉

첫머리에 쓰여 있는 글씨였다. 그것은 유원지에 함께 가지 않은 여학생이 쓴 것이었다. 자신이 야유회에 빠진 것은 순전히 식당 아주머니를 위한 것이었다는 내용이었다.

휴일도 없이 고생하시는 아주머니에게 적어도 어버이 날만이라도 편히 쉬도록 여유를 드리기 위해 저녁식사 준비를 책임질 생각을 했다는 것이었다. 기숙사 학생들이 저녁을 먹기 위해서는 늦어도 점심때부터 준비를 해야 되는 것이다.

나는 그 아름다운 마음에 코끝이 찡하며 양심이 바늘 끝에 찔리는 아픔을 느꼈다. 식당 아주머니에 대한 배려는 내가 해드렸어야 할 일인데 어린 여학생이 먼저 했다는 점, 그렇게 착한 마음을 가진 여학생을 위로는 못할망정 오히려 나무랐다는 점 —.

나는 사내답지 못하게 그만 눈물을 줄줄 흘리고 말았다. 예수님을 더욱 가까이 모시고 보니 왜 그리도 눈물이 많아졌는지 모르겠다. 조그만 일에도 감격하여 그만 눈물부터 흐르니 원 …….

신학교를 졸업하고 2년의 연수과정을 거쳐 목사안수를 받았다. 그 동안 신구약성경을 100번 이상 읽었고 장서도 천 권 이상을 독파했다.

하나님의 보내심을 받아 첫 번째 목회지로 해남 가곡교회에 부임했던 것이다.

교도소 목회를 경험하다

가곡교회는 질적으로나 양적으로 알차게 부흥해서 좋은 소문이 멀리까지 퍼졌고 장로도 두 분이나 세우고 권사도 한 분 세웠다.

교회는 항상 활기로 넘쳤고 열세 평의 좁은 교회는 예배 시간마다 성도들로 가득 찼다. 의자도 없고 방석도 없는 마룻바닥이지만 예배 시작 30분 전에 이미 예배당은 성도들로 가득 채워졌다.

이렇게 교회가 은혜롭게 부흥할 즈음 나에게는 심각한 결단을 요구하는 문제가 발생했다. 목회지를 옮기는 문제였다.

당시 나는 노회장의 위치에 있었지만 장수제일교회(전북 장수군 장수읍 위치)에 대해서는 별로 아는 바가 없었다.

장수제일교회가 우리 장신 교단 남부노회에 가입한지 얼마 되지 않았기 때문이었다.

개척한지 7개월도 되지 않은 상태에서 교역자도 없을 뿐더러 교인도 거의 다 흩어져 교인 너더댓 명이 지키고 있는 교회, 게다가 산더미 같은 빚에 눌려 교회로서 계속 존속하기가 거의 불가능한 상태에 있었던 것이다.

노회장으로서 장수제일교회의 문제 해결을 위해 몇 번 방문해서 교회 형편을 살펴보았다. 그 결과 나는 그곳이야말로 내가 가야할 곳이 아닌가 하는 생각을 하게 되었다.

부채는 산더미 같이 쌓여 있는데다 교인도 없으니 부임하려는 교역자도 없다. 나 같은 사람이라도 일단 가서 교회를 지켜야 무엇이 되어도 될 것 같은 생각이 들었기 때문이었다.

어떻게 보면 너무도 무모한 생각이었는지도 모른다. 내가 간다고 해서 그 엄청난 빚을 감당할 능력이 있는 것도 아니다. 게다가 가곡교회 성도들은 나의 목회지 이동을 결사반대할 것이 뻔하다.

문제는 그것으로 그치지 않는다. 고생하기를 거부하는

아내가 순순히 따라줄 리도 없을 터이다. 내가 장수제일교회로 가는 것은 생각하기도 어려운 일임에 틀림없었다.

그러나 이 문제를 놓고 고심하며 기도하던 나는 결단을 내릴 수밖에 없었다. 장수제일교회로 목회지를 옮기기로 말이다.

목사에게 있어서 목회지를 옮기는 문제가 그렇게도 심각한 것인지는 정말 몰랐었다. 가곡교회에 있는 동안 파주 직천교회와 금산의 개척 교회로 목양지를 옮기려 시도한 바 있었다. 그러나 그때마다 가곡 교인들의 열화 같은 만류로 뜻을 이루지 못했다.

그러다가 세 번째로 시도한 장수제일교회로의 목양지 이동이 실현된 것이었지만 막상 이삿짐을 싣고 떠나기까지는 얼마나 많은 갈등이 있었는지 모른다.

가곡 교인들의 만류는 그야말로 필사적이었다. 이사를 가려면 아예 자신을 죽여 놓고 떠나라는 이가 있는가 하면 이삿짐 차 밑에 드러누울 테니까 밟고 가든지 아니면 이사를 포기하든지 양자택일을 하라는 사람도 있었고, 어떤 이는 몇 년 만, 아니, 단 1년 만이라도 더 있어달라고 애원하는 사람도 있었다.

그렇게 며칠 동안 실랑이를 하다가 끝내 내가 장수로 떠날 것을 고집하니 그 실망하는 모습들이란……. 해남을 떠나온 지 30년이 훨씬 넘은 오늘까지도 그 모습들이 눈에 삼삼하여 지워지지를 않는다.

우리가 장수로 이사하던 날, 이사 비용을 최소로 하기 위하여 이갑도 집사님의 가구 운반용 트럭에 미리 이삿짐을 실어놓고 이튿날 새벽예배 마치고 바로 출발했다.

하늘도 나의 목회지 이동이 아쉬웠던가, 간밤에 많은 눈을 쏟아 부었는데 그것도 모자랐는지 폭설은 계속하여 쏟아지고 있었다. 차가 움직였지만 눈은 모질게도 퍼부었고 길은 미끄럽고 10m 앞을 관망하기조차 어려운 상태였다.

그러나 서행으로 강행군했다. 이미 여려 대의 차가 한 길 곳곳에 멈춰선 채 눈을 뒤집어쓰고 있었지만 우리의 이삿짐 차는 용케도 눈보라를 뚫고 이동했다.

새까맣게 몰려와 차창을 두드리는 눈, 눈, 눈덩이들…. 나는 미음 한 구석에시 치솟는 왠지 모를 불안감을 떨쳐버릴 수 없는 중에도 마음으로 기도하며 펑펑 쏟아지는 눈에 대해 이런 의미를 부여했다.

--아무리 눈보라가 거세게 몰아쳐도 차창이 가로막아 눈이 나에게까지 미치지 못하듯 마귀가 아무리 떼거리로 몰려온다 해도 우리 주님 예수 그리스도 십자가 보혈의 공로 앞에는 추풍낙엽일 수밖에 없다는 것, 그리고 흰 눈이 온 누리를 덮어 희게 하듯 나도 지난날의 공과(功過)는 흰 눈으로 덮어버리고 새로운 각오와 새로운 마음으로 출발하라는 것 —.

그런데 차가 남원을 지나자마자 눈이라고는 구경도 할 수 없을 뿐더러 들판은 오히려 심한 가뭄으로 메말라가고 있었다. 이 좁은 한국 땅덩어리에 어쩌면 기상의 차이가 이렇게도 심할 수 있는지 의아할 지경이었다.

이삿짐을 교회에 부려놓고 차는 되돌아 해남으로 떠난 지 얼마 안 있어서 버스로 출발한 아내와 으뜸이 아름이 그리고 이희심 권사님이 도착했다.

이 권사님은 오는 내내 울었던지 눈이 퉁퉁 부었다. 장수제일교회의 딱한 사정을 알고는 무슨 말로 위로를 해야 할지 몰라 전전긍긍하는 모습이었다. 그러다가 교회 건물이 번듯하게 세워져 있는 것만도 다행이라는 말만 남기고 울먹이는 모습으로 이내 돌아갔다.

목사 알기를 하나님 다음쯤으로 알고 섬기던 이 권사님이었다. 먹을 것 하나만 생겨도 수두룩한 당신 자녀들보다 으뜸이 아름이를 먼저 생각한 분이었다.

가곡교회와 같이 작은 교회에 신학생도 황송한데 목사님이 웬 말이냐며 그야말로 목사를 천사 모시듯 하던 이희심 권사님 —.

나는 가곡교회가 그렇게 쉽게 부흥한 공로를 전봉성 목사님과 이희심 권사님에게 돌리기를 주저하지 않는다. 전 목사님은 10년 이상 만난을 무릅쓰고 가곡교회를 섬기다가 하늘나라로 가셨다. 이 권사님은 교회와 남편과 자녀를 위해서 일주일이면 절반 이상을 교회 바닥에 엎디어 눈물로 기도하며 밤을 지샜다.

나는 장수제일교회가 부흥하는데 방해되는 요소가 무엇인가 나름대로 분석해 보았다.

첫째 목사와 교인간의 갈등으로 인해 교인들이 흩어져 버린 것이 제일 큰 원인으로 나타났다.

교회란 좋은 소문이 나야 부흥하게 마련이다. 이유야

어떻든지 목회자와 다투거나 갈등을 느껴 교회를 떠난 사람들은 절대로 떠나온 교회를 칭찬하지 않는다. 오히려 악선전을 하고 다닌다: 교회에 오고 싶어 하는 사람도 다른 교회로 발걸음을 돌리게 한다.

둘째는 부채가 많은 것이 문제였다.

교회 건물은 아예 빚으로 지어졌고 그 빚은 상환이 안 된 채 고스란히 남아 있었고 빚 독촉이 심했다. 빚이 많은 교회로 소문이 나게 되면 빚에 대한 부담감 때문에 교인이 찾아오지 않는다. 오히려 잘 다니던 교인마저도 떨어져 나가기가 일쑤다. 장수로 이사를 와서 암담하던 상황과 안타까웠던 심정은 나의 일기장이 더 잘 말해준다. 그 일부를 옮겨보면 이렇다.

〈85년 12월 21일〉

낙심 가정 몇 군데 심방했다. 이들의 마음을 감싸주고 위로하며 소생케 해야 할 막중한 책임이 나에게 있다.

서둘지 말자. 충분히 본을 보이고 이해시키자. 그래서 저들 스스로 다시금 교회로 발을 들여놓도록 만들자.

〈12월 23일〉

가곡교회로 김○○ 목사가 부임했다.

가곡교회로 부임하기를 주저하는 이유 중 하나가 〈변 목사가 너무 목회를 잘했기 때문에 자신이 없다〉는 것.

선임자가 너무 잘해놓으면 후임자가 목회하기 어렵다 는 것 ─. 이것이 과연 희극이냐 비극이냐.

도무지 아리송하기만 하다.

〈12월 27일〉

걱정이 앞선다.

빚, 빚을 갚아야 교회가 부흥될 텐데.

그러나 이런 때를 위하여 내가 존재하는지도 모르는 일,

이 난관을 멋있게 뚫어 보자.

〈86년 2월 2일〉

눈이 많이 온다.

내일 목포를 다녀올 계획인데 눈이 너무 많이 오면 어 쩌나.

내가 움직이지 않으면 우리 교회는 운영이 마비가 되는데 어쩔거나.

주님, 도와주시옵소서!

〈2월 16일〉

어느 개척교회 목회자 부인 수기에 '피가 마르는 소리'라는 제목이 있었는데 참으로 피가 마르는 소리가 들리는 것 같다.

그러나 한 방울도 남지 않고 다 말라 없어지기까지 나는 견디겠다. 교회가 쓰러지든지 내가 쓰러지든지 결판을 내보자.

〈3월 21일〉

목요일까지 금식하기로 작정하고 실천하기 오늘이 이틀째, 주님께 힘주시기를 기도했더니 과히 힘든 줄 모르겠다.

꿀같이 단 주님의 말씀이여!

내 영혼이 흡족하니 배고픈 줄도 모르겠다. 꿀같이 단 말씀을 주신 주님께 감사드린다.

이루 말할 수 없는 어려움 속에서도 하나님께서는 백영귀 집사와 같이 귀한 일꾼을 남겨두시어서 교회를 섬기며 목회자에게 힘이 되게 하신 것이 참으로 감사한 일이었다.

백 집사는 신앙연조도 길지 않고 나이도 이제 30을 갓 넘었지만 믿음대로 살아보려고 하는 고마운 일꾼이었다.

그는 사우디아라비아에 건설 요원으로 갔다가 현장에서 믿음이 좋은 상관에게 전도를 받아 신앙생활을 시작하게 되었다. 처음부터 바른 신앙으로 양육을 받아서 믿음이 잘 자랐다.

귀국하여 장수읍 소재지에 하나밖에 없는 교회에 출석하게 되었는데 어찌나 열심히 섬겼는지 모른다. 주일학교 반사도 자원하여 했고 교회를 섬기는 일에 누구보다도 앞장섰다.

그러나 차츰 신앙에 눈을 뜨다보니 뭔가 이상하다는 생각을 하게 되었다. 읍 소재지이며 장수군의 모든 관청이 집결돼 있는 지역에 교회가 하나밖에 없는 것이 과연 바람직한가 하는 생각이 늘었던 것이다.

교회 개척을 결심하고 소를 팔아 헌금했으며 온갖 노

력 봉사도 다했다. 교회가 재미있게 부흥하던 중 교회 건축과 함께 시험이 들어 교인도, 교역자도 다 떠나가 버리고 말았지만 그는 부인과 함께 남아 교회를 지키고 있었다.

그는 눈이 오나 비가 오나 새벽예배를 거르지 않고 지성으로 참석하여 낙심의 연속이던 나에게 큰 힘이 돼 주었다.

교회에 대한 빚 독촉이 막바지에 이르렀을 때 그는 자신의 논을 담보하여 은행 대출을 받아 미불된 건축비 200만 원을 해결했다. 땅값 독촉이 심하게 되자 아예 논을 팔아 땅값 300만 원도 해결했다.

백 집사의 결단으로 땅값과 건축비 500만 원이 해결됐지만 아직도 화장실 공사와 교회 경상비, 그리고 신협에서 대출받은 300만 원에 대한 적금 및 이자 18만 원의 납입 등 재정적 어려움은 여전히 남아 있었다.

이의 해결을 위해 나는 교단 내의 다소 여유가 있는 교회를 순방하며 헌신예배 시 말씀 봉사하고 헌금을 받기도 했고, 나의 저작 『말세교육연구』를 들고 영호남 지방 교회들을 찾아다니기도 했다. 권당 2,500원, 한 교회에서 한 권씩만 사준다고 해도 당시로서는 큰 도움이 되겠는데 실제로 그렇게 되지가 않는 것이었다.

우선 교회마다 방문해보지만 교역자를 만나기가 어려운 것이다. 대부분의 교역자들이 출타중이기 때문에 결국 헛걸음을 하고 마는 것이다.

교회가 한 곳에 모여 있는 것도 아니고 보니 승용차도 없는 처지에 그렇다고 택시를 탈 수도 없는 처지이다. 결국 걸어서 교회마다 방문하게 마련인데 그렇게 어렵게 방문한 교회에서 책을 한 권이라도 사주기는커녕 냉대를 받게 될 때에는 눈물이 저절로 흘러내리기도 했다. 서글퍼서 흐르는 눈물인지 억울해서 흐르는 눈물인지 이유를 뚜렷이 알 수 없는 눈물이었다.

그런 중에서도 책을 사 준 몇몇 분들에게는 무어라고 감사의 말씀을 드려야 할지 모르겠다.

동역자의 뜨거운 사랑에 목이 메어 울어버린 때도 있었다.

목포 지방으로 책을 들고 갔을 때 마침 같은 노회 소속인 목포주안교회에서 부흥회가 열리고 있었다. 그간 심신이 많이 지친 나는 답답하고 클클한 심령을 말씀과 기도로 위로받고자 부흥회에 계속 참석하여 큰 은혜를 받았다.

부흥회 강사는 평소 친분이 두터운 성정현 목사였는데 어찌나 열정적으로 말씀을 전했던지 부흥회 마지막 날에는 목이 잠겨 고통을 호소하면서도 끝까지 잘 마무리했다.

부흥회를 마치고 난 후 성정현 목사는 강사 사례비 중에서 10만 원을 내놓았고 주안교회를 담임하고 있는 모상련 목사는 선교헌금으로 5만 원과 성미를 두어 말 내주었다.

나는 그 자리에서 감사기도를 하던 중 그만 목이 메어 얼마 동안 흐느끼다가 겨우 기도를 마무리했다.

하루 종일 돌아다니며 수십 교회를 방문해봐야 책 한 권 사주는 교회를 만날까말까 한 처지에 성 목사와 모 목사의 그 호의는 정말로 눈물 없이는 받을 수 없는 것이었다.

나는 외부적으로 이렇게 뛰어다니며 부채 해결을 위해 애를 썼지만 내적으로도 충실을 기하기 위해 노력했다.

일주일에 사흘, 즉 수요일 밤과 토요일 밤 및 주일 밤은 교회에 나가 기도하며 보냈다. 그리고 특별한 일이 없는 한 매일 정오만 되면 예배당 강단 밑에 엎드려 기도하는 일을 계속했다. 때에 따라서는 금식기도로 매달리기도 했다.

그런데도 교회는 여전히 침체상태 그대로였고 호전의 기미가 전혀 보이지 않았다. 부흥의 길은 요원하게 느껴졌고 나 자신은 나날이 지쳐만 갔다.

그러나 이런 정도의 어려움은 어려운 축에도 들지 못하는 것이었다. 정말로 어려운 일은 장수로 온 지 7개월이 조금 지난 때 발생했다.

정신질환을 앓던 처제가 교회로 왔다. 장수 지역은 해발 500미터 이상의 고지대이기 때문에 공기가 맑고 조용하여 정신수양을 위해선 최적지라고 할 수 있었다.

고등학교 시절 병을 얻어 정신이상 증세를 보이던 처제는 기도원과 병원을 통하여 치료를 받은 결과 고등학교를 무난히 졸업할 수 있었다. 직장생활을 1년 정도 한 후 신학교에 입학하여 첫 번째 여름방학을 맞이한 터였다.

공부하는 것이 힘에 부쳤던지 처제에게 피로한 기색이

역력히 나타나고 무언가 심상치 않은 조짐이 보였다. 그래서 가족이 의논한 결과 공기도 맑고 조용하며 또 형부가 시무하는 교회라는 점을 감안하여 장수로 보냈던 것이다.

그러나 가족들의 기대는 완전히 빗나가고 말았다. 처제는 우리 교회로 오던 날부터 심한 발작을 일으켰다. 온 동네를 휘젓고 다니며 이상한 말과 행동을 하여 나를 몹시 당황케 했다. 틈만 있으면 병자는 밖으로 뛰쳐나갔다. 그리고는 온 동네를 휩쓸고 다니며 예의 그 이상한 짓을 해댔다.

그때마다 나는 처제를 교회로 데리고 왔다. 한참 이상한 짓을 하던 처제의 팔을 끌어당길 때 처제는 살기가 돋친 눈으로 나를 노려보았다. 그 눈에는 광기가 서려 있어 불꽃이 튈 것만 같았다.

그러나 나와 시선이 마주치는 순간 처제는 눈을 밑으로 내리깔며 온순해져서 순순히 나를 따라왔다. 그런 모습을 볼 때마다 나는 처제에 대한 연민의 정이 치솟아 눈시울을 적시곤 했다.

시도 때도 없이 벌거벗은 몸으로 수돗물을 끼얹으며

자신의 몸을 두드려대는 처제, 그런 때에도 나는 눈물을 삼켜야만 했다.

스물 셋 ―, 정상적인 아가씨라면 얼마나 꿈이 많을 때인가.

처제도 목회자에게 시집을 가서 교회를 잘 섬기겠다며 꽃꽂이를 열심히 배우고 피아노를 익히는 등 장차 목회자의 내조에 한몫을 감당하겠다는 포부가 대단했다.

그 푸른 꿈을 펼쳐보기도 전에 정신질환으로 허물어져 가는 처제를 보는 나의 심경은 그 부모형제 못지않게 안타까웠던 것이다.

나는 처제를 위해 간절히 기도했다. 정신질환자를 위해서 기도할 때는 돌발적인 사고에 대비해서 눈을 뜨고 기도해야 한다는 상식조차 알지 못한 나는 그냥 눈을 감은 채 기도했다.

처제는 정신이 온전치 못한 중에도 내가 자신의 형부라는 걸 알고 있는지 한 번도 나에게 해코지를 한 적이 없었다. 오히려 내가 그 머리에 손을 얹는 즉시 발작을 멈추었을 뿐 아니라 눈에 광기도 사라지고 태도가 온순해져 나로 하여금 기도의 위력(?)을 실감케 하기도 했다.

그러나 기도의 효력도 잠시뿐, 처제의 병세는 날로 악화되어 가기만 했다.

그러던 어느 날이었다.

나와 아내, 그리고 이웃교회 목사 내외와 그 외 몇 사람이 모여 병자를 위한 특별기도회를 가졌다. 기도의 효력이 나타난 것일까, 병자는 많이 좋아진 것 같았다.

다음 날 저녁에도 우리는 다시 한 번 기도회를 실시했다.

기도회는 자정이 넘도록 계속되었는데 시간이 지날수록 나는 '이게 아닌데……' 하는 생각을 떨쳐버릴 수가 없었다. 병자의 머리에 손만 얹고 하던 안수기도는 어느새 안찰의 형태로 바뀌었고 안찰의 형태는 우리들 자신이 깨닫지도 못한 상태에서 폭행으로 변해가고 있었던 것이다.

그러면서도 마음 한 구석으로 '네 믿음이 적구나. 어찌하여 의심하느냐' 하는 주님의 책망이 들려오는 것 같기도 하여 종잡을 수가 없었다.

그러나 무한정 안수와 안찰을 계속할 수는 없다고 생각한 나는 기도회를 종결짓고 교회로 나가 무릎을 꿇었다.

"막아야 한다!"

무릎을 꿇자마자 가슴을 울리는 음성이 있었다. 음성이 들린 것인지 느낌으로 그렇게 인식된 것인지 분별할 수 없는 외침이었다. 그 외침은 강렬한 힘으로 나의 등을 밀어 기도회를 갖던 서재의 문을 열게 했다. 모두들 처제 곁에 들러 앉아 안수기도를 계속하고 있었다. 그만둘 것을 종용한 나는 다시 교회로 와서 무릎을 꿇었다. 그런데 이번에는 아까보다 더 다급한 음성이 들렸다. 음성인지 느낌인지 분간할 수 없기는 마찬가지의 외침이었다.

"막아야한다!"

역시 그 어떤 힘에 밀려 다시 서재로 갔다. 폭력이 동반된 안수기도가 계속되고 있었다. 나를 본 그들은 확신에 찬 어조로 말했다.

"목사님, 아무 염려 말고 열심히 기도나 하세요. 내일 아침에는 깨끗해질 거예요."

나는 그들의 눈에 믿음이 한 푼 어치도 없는 허약한 목사로 비칠 내 모습을 상상하며 강력하게 만류하지 못한 채 다시금 교회로 왔다. 교회 바닥에 엎드려 기도하려고 무릎을 꿇었을 때 세 번째의 음성이 들렸다. 그것은 매우 급박한 음성이었다.

"막아야 한다!"

교회 바닥에 엎드려 열심히 기도하고 있는 아내를 내려다보며 나는 다시 한 번 서재로 갔다. 사람들은 원망이 가득 찬 눈으로 나를 쳐다보며 병자에게서 물러앉았다. 그들의 표정에는 병자에게서 마귀가 방금 떠나려던 참이었는데 내가 훼방을 놓았다는 듯 아쉬움이 가득했다.

나는 그들의 기세에 눌려 어정쩡하게 몇 마디 만류하는 말을 하고 다시 교회로 돌아오고 말았다. 다시 교회 바닥에 무릎을 꿇은 나는, 기도는 한 마디도 못한 채 깊은 잠에 빠져들고 말았다. 세 번이나 무릎을 꿇었지만 기도의 첫마디인 '하나님 아버지' 하는 말조차 꺼내지 못한 상태였다.

얼마나 지났을까?

깜짝 놀라 눈을 떠보니 시계바늘은 새벽 여섯 시를 알리고 있었다.

아차 싶었다.

서재로 달려갔다.

엄청난 사고는 이미 저질러진 뒤였다.

병자는 가쁜 숨을 내쉬고 있었지만 맥박은 이미 멎어 있었다. 손목의 맥을 짚어보아도 맥박은 뛰지 않았고 가슴에 귀를 대어보아도 고동은 멎어 있었다. 코 가까이 손을 대어보아도 숨을 쉬는 것 같지 않았다. 그런데도 숨소리는 크게 들렸고 가슴이 움직이고 있으니 도무지 알다가도 모를 일이었다.

나는 다시 한 번 맥을 짚어보고 가슴에 귀를 대어 보았다. 아무런 움직임도 없기는 마찬가지였다. 제발 맥박이 좀 뛰어 줬으면, 제발 숨을 좀 쉬어 줬으면……. 그 순간 사람이 숨을 쉰다는 것이 그렇게도 고마운 일인 줄 비로소 깨달았다.

그 사건 이후로 나는 가끔 아내의 가슴에 귀를 대고 심장의 고동소리를 듣는 습관이 생겼다. 맥박을 느낄 때마다 살아 있음에 대해 말할 수 없는 감사를 느꼈다. 살아 있다는 사실에 대한 고마움과 생명의 고귀함 ―. 인간은 누구나 살아 숨 쉰다는 그 한 가지 사실만으로도 최대의 감사를 느껴야 할 것이다.

이런 때는 어떻게 해야 하나? 정신이 내 정신이 아니고 온 몸에 감각을 느낄 수가 없었다. 도무지 마음의 갈피를 잡을 수가 없는 와중에도 내 귀에는 교회 무너지는 소리가 요란하게 들리는 것 같았다. 사탄의 통쾌한 웃음소리도 들리는 것 같았다.

어떻게 해야 되는가? 극한상황에 몰리고 보니 기도조차 할 수 없었다. 너무도 엄청난 사실 앞에 다만 아연해질 뿐 기도조차 할 수 없는 것은 나의 신앙수련이 그만큼 깊지 못해서일까?

사후수습은 어떻게 해야 하는가? 난감하기 이를 데 없고 대책이 서지 않았지만 어쨌든 나름대로의 고심 끝에 내린 결론은 모든 책임을 내가 지고 자수해야 하리라는 것이었다.

경찰서로 향하는 발걸음이 어쩌면 그렇게도 무겁던지……. 두 다리는 달달 떨리고 입술은 침이 말라 바싹바싹 타들어 갔다. 몇 끼니 굶은 상태였지만 밥 생각은 전혀 없었다.

내심 이 현실에서 도피하고 싶은 생각도 들었다. 어디

론가 종적을 감추어 버리고 싶은 유혹을 강하게 느꼈으나 도저히 그럴 수는 없는 일이었다.

마음 한 구석에서는 이 사건을 은닉해 버리고 문제 삼을 필요가 없다는 생각이 치솟기도 했다. 일반적으로 정신질환자는 제풀에 숨을 거두는 일도 허다한 것이다. 또 병자는 그 발작정도가 매우 심해 그 자신 어떤 돌발적인 사고에 의해 생명을 잃을 가능성은 얼마든지 있는 터였다.

그러나 그것은 다 일시적인 생각이요 부질없는 발상일 뿐이었다. 결과에 대한 책임은 철저히 져야 한다는 것이 평소 나의 소신이었다. 또 사람은 속일 수 있어도 하나님은 속일 수 없다는 엄연한 사실 앞에 이 엄청난 사건을 기만한다거나 은닉한다거나 병자 자신의 실수에 의한 우발적 사고로 위장할 수는 없는 일이었다.

그런 한편으로 나는 이 사고에 대한 책임이 없다고 하는 비겁한 생각이 들기도 했다. 내가 다른 사람들과 함께 안수기도를 한 것은 사실이지만 어느 시점에서 안수기도를 송결했다. 그 뒤로도 신령한 음성을 듣고 안수기도가 계속되는 것을 세 번이나 저지했다. 또 안수기도를 종결한 후 나와 아내는 새벽까지 줄곧 교회에 있었다.

그러나 이 사고에 대한 책임을 남에게 떠넘길 수는 없다고 결론지었다. 그것은 모두가 내 책임이었다. 신령한 음성을 듣고도 강력히 저지하지 못한 것이 결정적인 나의 실수였다. 내가 강력히 저지했던들 이러한 끔찍한 사고는 막았을지도 모른다.

그리고 다른 사람들에게 사고에 대한 책임을 물을 수는 없었다. 그들 또한 피해자들이기 때문이었다. 교활한 사탄의 간계에 간단히 넘어간 그들, 단지 병자를 치료하여 하나님께 영광을 돌리고 이를 통하여 교회 부흥에 도움이 되겠다는 단순한 열심만 있었을 뿐 병자에게 위해를 가하겠다는 생각은 추호도 없었던 그들이었기 때문이다.

그들이 이 엄청난 사고의 책임까지 떠맡아야 한다는 것은 너무도 억울한 일이 아닐 수 없다고 생각했다. 다만 어쩌면 그렇게도 간단하게 사탄의 속임수에 넘어갈 수 있었을까 하는 것이었고 그것만이 억울하고 안타까울 뿐이었다.

또 한 가지 내가 전적인 책임을 져야할 이유는, 그렇

게 하는 것만이 이 사고로 말미암아 교회가 당할 수난을 최소화시키는 결과가 되리라는 판단이 앞섰기 때문이었다.

고심에 고심을 거듭한 끝에 일단 자수하기로 결심한 나는 경찰서로 갔다. 별별 생각을 다 하면서 경찰관 앞에 선 나는 어쩔 수 없이 거짓말을 해야만 했다.

우선 이 사고는 나 혼자에 의해 저질러진 것이며 심한 발작을 일으키는 병자를 제지하는 과정에서 빚어진, 피할 수 없는 실수에 의한 것임을 힘주어 강조했다.

병자의 발작 정도는 아주 심한 편이어서 이미 파출소를 통해 경찰서에 보고가 되어 있는 관계로 나의 변명은 꽤 설득력을 가지고 있었다. 살아 있는 사람의 실수를 영원히 입을 다문 사람에게 전가시키는 것이 말할 수 없이 양심을 찌르는 일이었지만 내 딴에는 병자와 공동으로 책임을 진다는 어설픈 변명으로, 돌발적으로 일어나는 양심의 가책을 억눌렀다.

그리고 그렇게 하는 것만이 교회를 살리는 길이요 또 좋은 결과를 바라고 협조하던 사람늘에게 누를 끼치지 않는 방법이라는 생각으로 스스로를 위로했다.

물밀 듯 엄습하는 죄책감과 공포, 그리고 수치심 등을 떨쳐버릴 수 없는 상태에서 조사는 진행되었다. 경찰관은 나의 대답에 별 의심 없이 조서를 작성하여 나갔다. 나는 조사관의 태도가 어쩐지 모든 것을 다 알고 있으면서도 짐짓 속아주는 것 같은 생각이 들었다. 조사관의 물음에 일일이 대답은 하면서도 불안한 마음을 금할 수 없었다.

선의의 거짓말조차 하나님께 죄가 된다는 신념으로 살아왔고 교인들에게도 그렇게 가르쳐 온 나였다. 이번 일이 교회를 위하는 일이요 또 결정적 실수로 사고를 일으킨 사람들을 대신하는 일이라 할지라도 나의 양심은 신념을 꺾는 아픔으로 인해 몹시 고통스러웠다.

그런데 2차 조사를 받던 나는 순간적으로 이거 잘못 걸렸구나 싶은 생각에 그만 눈앞이 아찔해 옴을 느꼈다. 조서담당관이 바로 'ㄱ' 형사였기 때문이었다. 이런 경우를 두고 악연이라는 말로 표현하던가?

보름쯤 전 어느 날이었다. 어떤 부인 한 사람이 교회로 찾아왔다. 부인은 사정이 있어서 그러니 교회 근처에 사는 두 딸들을 교회로 데려와 줄 수 없느냐고 했다. 나는 그 부탁을 들어 주었다. 그 며칠 뒤에는 부인이 직접 두 딸들을 교회로 데리고 와서 만나고 갔다.

부인이 들려준 사연은 이러했다.

부인은 이곳 경찰서 수사과에 근무하는 'ㄱ' 형사의 전처였는데 딸들이 보고 싶어 찾아왔다는 것이었다. 부인의 말에 의하면 전남편은 신앙생활을 열심히 했으며 아이들도 주일학교에 잘 다녔다고 했다. 그런데 이혼을 하고 나서부터는 자신도 교회에 발을 끊었을 뿐 아니라 아이들도 교회에 못나가게 한다는 것이었다. 더구나 아이들의 새엄마는 아이들이 밖에 나가 노는 것까지 통제한다고 했다.

나는 아이들의 정서에 심각한 문제가 있지 않을까 하는 우려를 금할 수 없었다. 그래서 아이들을 정성껏 돌봐주고 싶은 생각이 들어 수사과로 전화를 했다. 퇴근길에 잠시 교회를 들러달라는 부탁을 하기 위해서였다. 아이들을 교회에 보내달라는 말과 함께 'ㄱ' 형사 자신의 신앙생활에 도움을 주고자 하는 의도에서였다.

'ㄱ' 형사는 불쾌하다는 투가 역력했지만 그러겠노라고 했다. 그러나 그는 교회를 들르지 않았다. 뿐만 아니라 그는 나에 대해서 노골적으로 불만을 터뜨렸다는 이야기가 들려왔다. 제까짓 게 뭔데 남더러 와라가라 하느냐고……

공교롭게도 그 며칠 후에 사고가 터졌고, 나는 폭행치사 피의자의 신분으로 조사계장인 'ㄱ' 형사 앞에서 2차 심문을 받게 된 것이다. 오비이락, 까마귀 날자 배 떨어진다더니 내가 꼭 그 짝이 나고 만 것이다. 무언가 모르게 내 마음은 자꾸 불안해져 견딜 수가 없었다.

조서를 죽 읽어가던 'ㄱ' 형사가 나에게 물었다.

"정말 무릎으로 한 번밖에 안 찼습니까?"

1차 조사관 앞에서 나는 발작을 일으킨 병자를 제지할 목적으로 병자의 복부를 무릎으로 한 차례 찼다고 진술했었다.

"네."

내가 그렇다고 하자 'ㄱ' 형사는 사뭇 동정하는 투로 말했다.

"한 번 무릎으로 찼는데 사람이 죽었다면 그걸 누가 믿겠습니까? 적어도 두 번, 아니 세 번은 찼다고 해야 말이 되지. 그리고 누가 보아도 인정할 수 있어야 동정이라도 받지 않겠어요? 생각해 보십시오. 무릎으로 한 번 찼는데 갈비뼈가 세 개나 부러지고 간이 파열됐다고 하면 뻔한 거짓말이라고 할 게 아니겠습니까?”

조서가 피의자의 형량에 얼마나 큰 영향을 미치는지 조금이라도 아는 사람이라면 뻔한 사실마저도 극구 부인하여 죄질을 가볍게 하려고 별별 수단방법을 다 강구하게 마련이다. 그러나 나는 그러한 상식에 대해서는 전혀 아는 바가 없을 뿐 아니라 어쨌든 모든 책임을 내가 져야만 했기에 무조건 ‘ㄱ’ 형사의 말에 수긍하는 뜻을 표했다.

“그러면 틀림없이 무릎으로 세 번 찬 겁니다?”

‘ㄱ’ 형사는 더 이상 이의를 붙일 수 없다는 듯 다짐을 두었다.

“네.”

내가 시원스럽게 대답하자 ‘ㄱ’ 형사는 조서에 그렇게 쓰고 나서 이제까지 쓴 조서를 죽 읽어 내려갔다.

이름 변이주, 직업 목사, 주소 ○○도 ○○군 ○○읍 ○○리 ○○번지. ……발작이 심해진 병자를 서재에 격리 수용하던 중 19○○년 ○월 ○일 09시 경, 다시 심하게 발작을 일으킨 병자를 제압하기 위해 무릎으로 병자의 복부를 세게 3회 걷어찼던 바 병자는 발작을 멈추고 자리에 누웠습니다. …… 이상은 사실과 다름없음을 시인합니다.

조서를 다 읽은 'ㄱ' 형사는 다시 한 번 나를 쳐다보며 조서에 이의가 있느냐고 물었다. 나는 이의가 없다고 대답했다.

"그러면 여기 날인하십시오."

나는 'ㄱ' 형사가 내미는 조서에 인주를 묻힌 엄지손가락을 꾹 눌렀다. 결국 나에게는 폭행치사라는 죄목이 붙여졌고 구속영장이 발부되어 경찰서 유치장에 수감되었다.

1년 365일, 단 하루도 햇빛이 들어오지 않는 음침하고 음습한 곳에서 외부와의 접촉이 끊어진 채 갇힌 생활을 하는 것이 얼마나 끔찍한 일인지!

더구나 성직을 수행하던 목사가 하루아침에 살인 죄인으로 전락하여 뭇 사람들의 냉소와 비난의 대상이 되어

버린 나 자신의 모습이 어떻게나 비참하고 초라하게 느껴졌던지!

그때가 마침 여름방학이 막 시작되어 유치장과 담을 같이하고 있는 초등학교 운동장에서는 6학년 여름캠프가 진행되고 있었다.

어린이들의 명랑한 노래와 쾌활한 웃음소리, 그리고 자유분방하게 활동하는 움직임의 소리 —. 아아, 자유, 자유가 이렇게도 소중한 것이었을 줄이야 …….

세상에서 가장 견디기 어려운 것이 고독이 가져다주는 고통이라고 했던가? 세상과 완전히 격리된 상태에서 죄인의 신세가 되어 당하는 소외감은 가히 미칠 지경으로까지 나를 휘몰아 가는 것이었다.

유치장에 수감된 지 며칠 후에 현장검증이 있었다. 두 손에는 수갑이 채워지고 두 팔에는 포승이 질러진 채 나의 진술을 토대로 사건발생 당시 상황을 재연하는 현장검증 역시 나에게는 말할 수 없는 고통을 안겨주는 순간이었다.

살인 죄인으로 손에 수갑을 찬 나를 보는 주위 사람들의 차가운 눈초리도 그렇거니와 정작 사고를 유발시킨 장본인으로서 수갑에 채워진 나를 보는 사람들의 당혹스런 모습을 보는 것은 더 큰 고통이 아닐 수 없었다.

차라리 모든 짐을 지기로 한 나는 오히려 마음이 차분하고 안정을 얻은 상태였지만 그들의 마음은 지금 얼마나 불안하며 괴로울 것인가 생각하니 그들에게로 향하는 연민의 정을 금할 수가 없는 것이었다.

경찰서를 거쳐 검찰청에서 검사신문을 받고 이틀 만에 교도소로 이송이 되었다. 나에게 내려진 검사구형은 3년이라고 호송경찰관이 알려줬다. 그러면서 폭행치사에 3년 구형은 판사에게 내보내라는 말과 같은 것이라고 하며 나를 위로해 주는 경찰관이 고맙기까지 했다.

교도소 철문 앞에 섰을 때 그 높은 벽돌담과 육중한 철문은 나를 완전히 압도하고도 남았다. 저 곳에 내가 들어가야 하다니! 나는 살아 나오지 못할 것 같은 두려움에 전율을 금할 수 없었다.

보안과로 가서 몇 가지 입소절차를 마치고 푸른 옷으로 갈아입은 나에게 보안과 직원은 사뭇 동정하는 어조로

"여기도 사람 사는 곳이니 어렵기야 하겠지만 좀 참으

십시오."

하며 염려를 해주는 것이었다. 그 말 한 마디가 어쩌면 또 그리도 고맙고 힘이 되던지 …….

교도소 ―. 그야말로 인생의 맨 밑바닥. 여기서 더 밑바닥이란 인간 세상에서는 없는 것이 아닌가. 그런데 어떻게 하다가 성직자인 목사가 여기까지 내려와야 했단 말인가.

혹시 전도하기 위해서 자원하여 찾아들었다면 그는 응당 있을법한 일이라 하겠다. 그러나 죄인의 신분으로 수갑을 차고 강제에 의해 내던져지다니. 그야말로 내가 일장춘몽 꿈을 꾸고 있는 것만 같은 생각이 들었다.

처음 들어간 곳은 대기 방이었다. 거기 며칠 있다가 유무죄 판결이 확정될 때까지 기거하게 될 본 방으로 가게 되는 것이다. 그러나 이러한 상식이 전혀 없는 나는 대기 방에 들어가서도 초긴장이 되어 정좌를 하고 앉아 있었다. 땀은 비 오듯 흐르고 가슴은 콩 튀듯 두근거렸다.

그런데 아무래도 방안의 분위기가 이상했다. 내가 아는 상식으로는 교도소에 들어가면 신고식이라는 것이 있어서 말할 수 없는 곤욕을 치르고 난 후에야 그 방의 일원이 되는 것으로 알고 있었다.

경찰서 유치장에 있을 때에도 신입자가 들어오자 고참자들이 못살도록 볶아대는 걸 보아왔기에 여기서도 응당 그러려니 하고 긴장해 있었던 것이다.

내가 땀을 비 오듯 흘리며 초긴장 상태가 되어 굳은 표정으로 정좌해 있는 걸 본 어떤 사람이 여기는 그렇게 하지 않아도 되는 곳이니 마음 놓으라고 일러주었다. 그리고는 좀 어린 사람을 시켜 저녁을 먹도록 주선해 주는 것이었다.

밥을 갖다 주는데 통 먹을 수가 없었다. 음식이 험해서가 아니라 입에서 음식을 받지 않는 것이었다. 한 술 뜨다가 그냥 물렸다.

대기 방에 이틀인가 있다가 본 방 배정이 되었다. 이제는 정말 죽었구나 하는 생각이 들어 바짝 긴장했다.

본방으로 들어가기에 앞서 교도관이 주의사항을 일러주었다. 교도소 안에서의 폭력은 일체 금지되어 있으니 혹 무슨 일이라도 생기면 즉시 담당(교도관)을 부르라고 했다. 그러나 실제 사정은 그렇지가 못한 형편이었다.

신고식이 너무 심해 크게 다치는 사람이 있는가 하면 견디다 못해 최후 발악으로 맞대들다 싸움이 벌어지기도 했다. 어떤 방에서는 밤새도록 아우성소리가 들리기도 했다. 아무튼 나 같은 목사가 보기에 지옥이 따로 있는 게 아니라 여기가 바로 지옥이 아닌가 하는 생각이 드는 것이었다.

더구나 교도소 안에서도 가장 규칙이 엄하고 기강이 선 곳이 강력범 방인데 나는 어차피 강력범 방으로 배치가 될 것이기 때문에 더욱 마음이 조려오는 것이었다.

드디어 방이 배정되었다. 나는 이제는 정말 죽었구나 싶은 생각에 속으로 기도하며 나에게 배정된 12방으로 들어갔다.

'전주교도소 미1사 12방 1083번'

이것이 약 3개월 동안 나의 주소와 이름이 돼버리고 말았다. 나는 신분이 목회자였기에 모든 시선이 나에게 집중되는 것 같은 따가움을 느껴야 했다.

후들후들 떨리는 다리를 억지로 가누며 마치 도살장으로 기어드는 짐승처럼 주눅이 든 채 12방으로 들어섰다.

봉사원(감방장)의 지시에 따라 한쪽 구석에 정좌해 앉아 있었다. 봉사원은 나에게 정좌한 자세로 반성하라고 했다. 그 소리를 듣는 순간 나는 눈앞이 아득해 옴을 느꼈다. 목사가 죄수한테 반성하라고 해야 옳지, 어떻게 죄수가 목사한테 반성하라는 지시를 한단 말인가?

이런 생각을 하며 비 오듯 흐르는 땀을 닦을 엄두도 못 내고 정좌한 채 앉아 있으려니 저녁밥이 들어왔다. 나는 기도하고 밥을 먹었다.

혹독한 신고식이 언제쯤 있으려나 하는 조바심 때문에 밥맛도 없을 뿐더러 다른 일에는 아예 관심조차 가지 않았다.

저녁 식사 후 신고식이 있었는데 봉사원은 나에게 본적과 성명, 생년월일, 그리고 죄명 등을 대고 인사하는 것으로 신고식을 끝내 주는 것이었다.

무수히 기도한 덕분이었을까? 교도소 신고식이 어쩌면 이렇게 쉽게 넘어갈 수가 있단 말인가. 나는 주님께 뜨거운 감사의 기도를 드렸다.

본격적인 교도소 생활이 시작되었다. 교도소 생활이란 참으로 단순하면서도 복잡한 것이었다. 하루 종일 비좁은 방에 앉아서 생활해야 한다.

작은 구멍으로 들이밀어 주는 밥을 받아먹고 하루 한 번씩 운동시간이라고 하여 30분 정도 바람을 쏘이러 뜰을 거니는 것, 그리고 몹시 더울 때 하루 한 번씩 하는 목욕 —, 목욕이라기보다는 물맞이라고 해야 할는지, 잽싸게 비누질하고 얼른 씻어내야 하는 거지만 그나마 하루에 한 번씩 목욕을 시켜주는 것만도 감지덕지할 그런 생활의 연속이었다.

그러다 보니 내부적으로 쌓이는 감정을 풀 방법이 없어 방에서는 자주 싸움이 일어난다. 제한된 활동 공간, 질식할 것 같은 분위기, 게다가 재판결과가 어떻게 나올 것인가에 대한 초조감 등이 복합요인으로 작용해 그들의 심경을 압박해 오기 때문이다. 별 일 아닌 것 가지고도 싸움을 벌이며 파괴행위를 일삼는 일이 교도소 안에서는 비일비재하게 일어난다.

그렇게 단순하면서도 복잡하며 살벌한 가운데 목사가 끼이었으니 참으로 적응하기가 쉽지 않았다.

그 속에서 내가 할 수 있는 일은 오직 기도하는 것밖에 없었다. 저녁 8시만 되면 취침시간이고 일단 자리에 누우면 반듯한 자세로 누워 있어야 하는 것이 교도소 내의 규칙이었다. 그러나 나는 그 자리에 엎디어 거의 밤이 새도록 기도했다.

신참자의 자리는 으레 변소 옆이기 마련이지만 나는 출소할 때까지 변소 옆자리에서 잤다. 한여름이라 냄새가 지독했지만 새로 들어온 사람을 내 옆에서 자게하고 나는 항상 변소 바로 옆에 자리를 폈다.

방 청소하는 것이 나에게 맡겨진 임무였지만 나는 방 청소뿐만 아니라 물 긷기, 설거지 등 마다하지 않고 솔선하여 했다.

그리고 매일 예배를 인도했다. 새벽마다 어느 교회에서 들려오는 종소리에 맞춰 일어나서 옷을 입고 구석자리를 정하여 기도했다.

주일과 수요일은 새벽기도 외에 아침예배와 저녁예배를 드렸다. 그 외 다른 시간에는 열심히 찬송을 불렀다.

그렇게 얼마 동안을 하고 나니 방안에서 뿐만 아니라 교도소 내에서 나에 대한 인식이 새로워지기 시작했다. 내가 목사라는 이유 하나만으로도 비웃음을 보내던 사람들도 나를 대하는 태도가 진지해지기 시작했다. 온갖 멸시를 퍼붓던 사람 중에도 자기도 교회를 다니기는 다녀야겠다는 말을 하며 유순하게 접근해 왔다.

3개월 남짓 교도소를 통과하는 동안 세상 사람들의 눈에 이 시대의 교회와 목회자가 어떤 모습으로 비쳐지고 있는가를 구체적으로 발견했다. 인생의 맨 밑바닥이라고 할 수 있는 교도소에서, 가릴 것도 숨길 것도 없이, 염치도 체면도 돌아보아야 할 이유가 전혀 없는 상태에서 허심탄회하고도 단도직입적으로 표현된 목사의 실상은 '모두가 도둑놈들'이라는 것이었다.

그것은 가히 현기증을 일으킬 만치 큰 충격이 아닐 수 없었다. 물론 그네들이야 세상에서 죄나 짓고 교도소 드나들기를 제 집 안방 드나들 듯 하는 사람들이다. 지극히 편협하고 악의적인 발상에서 목사와 교회를 싸잡아 비난하는 것쯤으로 가볍게 흘려버리면 그만일 수도 있을 것이다.

그러나 심히도 유감스러운 것은 오늘의 교회나 목회자가 그네들의 말을 반박할 수 있는 위치에 서 있지 못하다는 것이다. 오히려 반성을 촉구하는 그들의 외침에 겸손히 귀를 기울여야 할 실정임을 어찌하랴.

아무려나 그러한 상황 속에서도 날이 갈수록 새벽기도

참석인원이 늘어갔고 주일예배와 삼일예배 등 예배시간에는 20여 명 되는 사람들이 모두 참석하게 되었다.

재소자들은 물론 교도관들도 예외 없이 물어보는 한마디는 '목사가 왜 이런 곳에 왔느냐'는 것이었다. 과연 교도소는 목사 신분을 가진 사람이 갈 곳은 아니라는 생각이 절실했다.

공적인 질문이 아닌 이상 그들의 물음에 일일이 대답할 필요는 없는 일이었지만 그들의 상상에 맡겨둔다는 것도 견디기 어려운 일이었다. 폭력, 강도, 절도, 사기, 간통 등 그들은 나름대로 나의 죄를 상상해 보며 멸시할 것이기 때문이었다.

멸시에 찬 눈초리와 그에 따르는 대접을 받는 것이 참으로 견디기 어려운 일이었지만 그러한 상황에서 내가 취할 수 있는 행동이란 오직 엎드려 기도하는 것뿐이었다.

"목사가 사람을 죽였네~"

비아냥거리며 노래조로 읊조리는 사람도 있었지만 그러한 비아냥도 얼마 안 가 사라져 버리고 말았다.

나의 잠자리가 항상 변소 옆이었기에 자다가 깨어 용

변을 보려는 사람이 한동안 주춤하기 마련이었다. 거의 한밤 내내 엎드려 기도하는 경건한 모습에서 그 어떤 위압감을 느꼈기 때문이었다.

폭력이 직업이다시피 한 그들이었지만 기도하는 모습에서 풍겨오는 경건한 분위기를 깨뜨려 놓을 용기가 나지 않아 정 참을 수 없을 때까지 누운 채 기다린다고 그들 입으로 실토를 하는 것이었다.

세상 사람들은 전과가 있는 사람들을 무슨 짐승이나 대하는 듯 기피하지만 그러나 교도소를 제 집 드나들 듯 하는 사람들에게도 인간성은 소멸될 수 없다는 것을 나는 똑똑히 느낄 수 있었다.

다만 그들은 생활이 자신도 모르는 사이에 그렇게 굳어져 버렸고, 세상에서 버려진 신세라는 자격지심이 그들의 삶의 고삐를 풀어놓은 채 살아오는 과정에서 그 누구도 그 고삐를 잡아주는 손길이 없기에 방종한 삶이 돼버리고 만 것이다.

급기야

"목사님을 보니까 하나님이 정말 살아 계신 것 같다."

"목사님을 알고 나서 '목사'에 대한 인식이 달라졌다."

하는 말로 나를 위로하는 사람이 늘어갔다.

어느 날 저녁식사 시간이었다.

양재기 하나 드나들만한 구멍으로 모든 먹을 것을 들이밀면 안에 있는 사람들이 받아먹고, 내보낼 것은 또 그리로 내보낸다.

무슨 이유에서인지 안에 사람과 밖에 사람 간에 말싸움이 일어났다. 심한 욕설이 오가더니 갑자기 안에서 어떤 물건이 벽에 부딪히는 소리가 남과 동시 나의 눈에서 불꽃이 확 일었다.

안에 있는 사람이 배식구를 향해 양재기를 힘껏 내던졌던 바 벽에 맞고 튕겨 나온 양재기는 공교롭게도 나의 왼쪽 눈썹 부분을 강타했던 것이다.

내 눈에서는 불꽃이 확 일었고 금세 눈물이 핑 돌았다. 심한 통증 때문에 온통 머리가 욱신욱신 쑤셨다.

그러나 나는 조금도 동요하지 않고 몸가짐을 흐트러뜨리지 않았다. 아무 일도 일어나지 않은 것처럼 자연스럽게 식사를 계속했다.

"목사님 이마에서 피가 나요."

상진 씨가 얼른 휴지를 가지고 와 피를 닦아냈다.

"새끼들 조심하지 않구."

봉사원이 양재기 던진 사람을 나무랐다.

양재기를 던진 사람은 홧김에 내던진 양재기가 하필이면 나에게 맞은 것에 대해 심히 미안하게 생각하던 터에 봉사원의 책망을 듣고 보니 더욱 미안했던지 송구스러워하는 표정을 감추지 못하고 있었다.

나는 그 양재기가 나를 때린 것에 대해 감사했다. 다른 사람에게 맞았더라면 또 한바탕 난리를 치렀을 것이 뻔하기 때문이었다.

태연히 밥을 먹은 나는 머리의 어지럼증은 많이 가셨지만 더욱 심해오는 통증을 억지로 참으며 베개를 베고 자리에 누웠다. 저녁식사 시간은 다섯 시, 한여름의 해는 아직 중천에 있을 때였고 점호시간까지는 한 시간 이상의 여유가 있었다.

베개를 베고 눕는 즉시 잠이 들었던 모양이었다. 잠시 수면을 취하고 깨어났을 때는 통증도 많이 가시고 머리가 맑아진 상태였다. 잠에서는 깨어났지만 그대로 눈을 감고 있는 나의 귀에 방 사람들의 소리가 들려왔다.

그들은 나를 화제의 대상으로 하여 이야기를 나누고

있었다. 봉사원의 소리가 들려왔다.

"사람이 되려면 저 정도로 돼야지."

나는 내 귀를 의심하지 않을 수 없었다. 나 자신 그들의 칭찬을 들은 것이 유쾌해서 만은 아니었다.

열아홉 살부터 교도소에 드나들기 시작하여 사십이 훨씬 넘은 오늘까지 별을 열세 개나 달고 사회의 그늘 속에서만 살아온 그가 아닌가. 그러한 사람들의 세계에서는 주먹이 세고 강한 사람만이 선망의 대상이요 우러름의 표상일 것으로 알고 있었다.

그러나 그들도 사람다운 모습이 어떤 것인 줄 알고 있을 뿐 아니라 그러한 삶을 동경하고 있다는 사실이 신기하기까지 했던 것이다.

그러던 어느 날이었다.

"목사님, 죄명을 변경해 보시지요. 폭행치사와 과실치사는 엄청난 차이가 있거든요."

현구 씨가 이런 제안을 했다.

"글쎄요. 그렇게 할 수 있는 건지 ……."

"그렇게 하면 안전하지요. 목사님 같은 경우라면 집행유예가 거의 확실하지만 그래도 혹시 모르는 일이니까 과실치사로 죄명을 바꾸는 것이 백번 낫지요."

나는 피의자가 죄명을 바꿀 수 있다는 사실조차 금시 초문이거니와 설령 바꿀 수 있다고 하더라도 그렇게 할 생각은 전혀 없었다.

그 당시 나의 심경으로 실형을 사느냐, 집행유예로 석방되느냐 하는 것은 그리 큰 문제가 아니라고 생각했다. 오직 교회가 무사하고 불의의 사고에 관련된 선의의 협력자들에게 피해가 돌아가지만 않는다면 나는 그것으로 족하다고 생각했다.

"무슨 일인데?"

최근에 우리 방으로 와서 나에 대한 일을 자세히 모르는 경철 씨가 무슨 얘기냐고 물었다.

나는 나의 경우를 이야기해 주었다. 안찰 이야기는 할 수 없고, 다만 발작하는 병자를 제지시키는 과정에서 복부를 무릎으로 한 번 찬 것이 그만 사고로 이어졌다고 했다.

"한 번 찼는데 죽었어요?"

경철 씨는 어떤 의도로 그렇게 물었는지 모르겠지만 내가 듣기에는 '무릎으로 한 번 찼는데 어떻게 사람이 죽겠느냐, 당신이 여러 번 찬 것이 아니냐.' 하는 뜻으로 받아들여져 잠시 당혹감을 금치 못했다.

"글쎄, 하도 다급해서 나도 모르게 그만 세게 차 버려서 ……. 조서 받던 경찰관도 그렇게 물었어요."

"뭐라고 물었는데요?"

"한 번 차 가지고 어떻게 사람이 죽느냐, 더 여러 번 찬 게 아니냐."

"그래서 뭐라고 대답하셨나요?"

"그래도 난 한 번 밖에 찬 기억이 없어서 한 번 밖에 안 찼다고 했지요."

이렇게 말하면서도 나의 마음은 무척 괴로웠다. 거짓말을 하고 있기 때문이었다. 평소에도 선의의 거짓말조차 죄가 된다는 신념으로 살아온 내가 아닌가. 사실을 사실대로 말할 수 없는 나의 처지가 몹시 안타깝고 답답하기만 했다.

더구나 '죽은 사람은 말이 없다'는 약점을 최대한도로 악용하고 있는 나는 얼마나 비열한 사람인가 하는 자책감마저 들어 나의 괴로움은 말할 수 없이 컸던 것이다.

다른 사람에게 피해를 주지 않기 위해서는 이 길 밖에

없지 않느냐 하는 생각으로 합리화시켜 보려하지만 그것
도 흡족한 대답이 될 수는 없었다. 하나님께서 나의 소
행을 어떻게 보실까 하는 질문에 대답이 막히기 때문이
다. 모든 사람이 다 합당하게 여기며 괜찮다고 해도 하
나님께서 '아니다' 하시면 그건 '아닌' 것이다.

"한 번 밖에 안 찼다고 했더니, 그래서요?"

경철 씨는 무에 그리도 궁금한지 꼬치꼬치 캐물었다.

"그래도 한 번 밖에 안 찼다고 했더니 나중에는 조서
담당관이 그러더라구요."

"뭐라고 했는데요?"

"한 번 찬 것 가지고는 이유가 약하니까 세 번 찬 것
으로 하자고요."

"그래서요?"

"그래야 되는 줄 알고 그러자고 했지요."

나의 말을 들은 경철 씨가 갑자기 벌컥 화를 냈다.

"저런 후래아들놈 같으니라구. 그 새끼 어떤 놈이야!"

나는 공연히 가슴이 뜨끔했다. 경철 씨가 나의 거짓말
을 간파하지 않았나 싶어서였다.

"목사님이 한 번 밖에 안 찼다면 안 찬 것이지, 굳이

세 번이나 찼다고 유도할 게 뭐냔 말입니다. 혹시 목사
님, 그 새끼와 무슨 원수 맺은 일이라도 있습니까?"

'원수 맺은 일?'

나는 속으로 혀를 찼다. 이번 사고와 관련하여 누구와
원수 맺은 일이 있느냐 하는 질문을 두 번째 들었기 때
문이었다. 며칠 전에도 변호사가 같은 질문을 했었다.

"○○○ 목사와 원수 맺은 일이라도 있습니까?"

○○○ 목사는 바로 이웃에 있는 교회를 담임하고 있
었는데 그 교회는 80여 년의 역사를 지니고 있을 뿐 아
니라 규모도 큰 교회였다. 그런데 그 교회에서는 제일교
회가 세워지는 것을 몹시도 싫어했다. 그래서 제일교회
는 이단이라고 악선전을 했고 제일교회에서 부흥회를 할
때면 그 교회 성도들이 제일교회 부흥회에 참석하는 것
을 적극 방해했다. 내가 제일교회로 부임한 이후에도 그
교회의 훼방은 여전한 상태였다.

그렇기로 그 교회의 ○○○ 목사가 무얼 어떻게 했기
에 변호사가 그런 말을 한 것일까? 나는 너무도 황당하
여 잠시 아무 말도 할 수 없었다.

"그런 일은 절대로 없는데요."

나는 '절대로'라는 말에 힘을 주어 대답했다.

"개척교회를 하다보면 교인 쟁탈전도 있을 것이고
……."

변호사는 혼잣말처럼 말끝을 흐려버린 채 다른 사람과의 면담을 진행했다. 나는 궁금한 마음을 금할 수 없었지만 그 말을 그냥 흘려듣고 말았다.

그런데 경철 씨로부터 또 원수진 일 운운 하는 소리를 듣고 보니 영 꺼림칙한 기분이 드는 것이었다. 그와 함께 어떤 깨달음이 전광석화와 같이 나의 머리를 스치고 지나갔다.

그러고 보니 조사계장은 법률지식에 어두운 나를 유도하여 법적으로 불이익을 당하도록 한 것이 틀림없으며 이웃 교회에서는 조직적으로 제일교회를 음해하고 있다는 생각이 들었다.

섣불리 넘겨짚을 수도 없는 문제이고 또 속단하기도 어려운 일이지만 아무려나 어떤 음해가 있었던 것만은 틀림없다는 생각을 지울 수 없었다. 그렇지 않고서야 변호사기 ○○○ 목사는 어떻게 알 것이며 우리 교회와의 관계가 원만하지 못한 것을 어찌 알 것인가.

그와 연관하여 잊고 있던 또 다른 일이 상기되었다. 그것은 어느 주일 아침이었다.

이웃 교회에 출석하며 사진관을 경영하는 이 장로가 회개헌금이라며 봉투 하나를 들고 나를 찾아왔다.

"무슨 …… 회개?"

어떻게 물어야 할지 몰라 의아한 표정을 지으며 내가 반문했을 때 이 장로는 얼마 전에 사진 값을 너무 비싸게 받은 것이 마음에 걸려 회개하는 심정으로 그 10배의 금액을 드린다는 말만 남기고 돌아갔다. 참 별 일도 다 있다는 생각을 하며 나는 감사한 마음으로 예배시간에 그 헌금을 봉헌했다.

아마 석 달쯤 전이었던가 보다. 준공검사를 받기 위해 교회전경사진을 이 장로에게 부탁했는데 보통 야외용 카메라 사진 8장 값이 무려 만 오천 원이나 되었다. 그것도 천 원 에누리한 값이 그러했다.

그렇다면 사진 한 장 값이 이천 원이라는 것인데 그것은 당시 시중가격에 비해 10배나 비싼, 그야말로 터무니없는 가격이었던 것이다.

아무려나 이 장로는 그 사진 값에 대한 회개헌금을 드

렸고 헌금을 드린 지 얼마 지나지 않아 불의의 사고를 당해 이 세상을 떠났다. 이 장로가 회개하고 세상을 떠난 것은 귀한 일이지만 예의 그 터무니없이 비싼 사진 값을 치른 일이나 조사계장에게 조서 받은 일과 ○○○ 목사와 같은 이들의 노골적인 음해는 그렇지 않아도 풍전등화의 위기에 처해 있던 교회를 더욱 위태롭게 하는 힘으로 작용했던 것이다.

나는 그들을 향해 치밀어 오르는 울분을 참을 수 없어 잠을 이루지 못했다. 그리고 교회에 대한 염려가 급증하여 마음은 언제나 좌불안석이었다.

반면 일련의 그와 같은 일들은 나의 기도를 더욱 뜨겁게 해주는 계기가 되기도 했다. 그와 같은 상황에서 내가 할 수 있는 최선의 길은 오직 기도하는 일 밖에 없었기 때문이었다.

결심공판이 있기 전날, 방 사람들은 나에게 징역 1년 6월에 집행유예 2년을 선고했다. 나에게 집행유예를 선고하는 그들의 논지는 이러했다.

피고의 신분이 목사이고 사고 자체가 정당방위에 해당되는 것이며 피해자 측에서 전혀 처벌을 원치 않을뿐더

러 오히려 선처를 요구하고 있고 여러 목회자들의 진정
서가 큰 힘이 돼 줄 것이며 변호사의 강력한 변호가 뒷
받침될 것이기 때문이라는 것이었다. 게다가 검사 구형
이 3년밖에 안 되기 때문에 나는 백발백중 석방된다는
것이었다.

그러면서 그들은 특별히 변소와 가장 먼 곳에 잠자리
를 베풀고 반강제적으로 거기서 자게 했다. 내일이면 출
소할 것이 분명한 나에게 그들은 최대의 호의를 베풀고
있는 것이다.

계절은 이미 10월로 접어들어 동복이 지급됐고 월동
용 담요가 3장씩 지급된 상태였다. 그들은 담요를 여러
장 모아 최대한도로 포근한 잠자리를 마련하여 나에게
제공했다.

"오늘은 여기서 주무시고 내일 출소하십시오. 그리고
목사님이 나가시면 다른 목사님을 보내주십시오."

과연, 그들의 판결은 적중했다. 이튿날 판사는 나에게
징역 1년 6월에 집행유예 2년을 선고했다.

집행유예 ―, 형의 선고를 했을 때 정상에 따라 그 집
행을 일정기간 유예하고 그 기간을 무사히 경과할 때는

형의 선고가 없었던 것으로 하여 그 이상 과형(科刑)하지 않는 것이다.

나는 새로운 진리 하나를 깨달았는데 그것은 인간은 누구나 집행유예 인생이라는 것이었다.

하나님께서는 인간들에게 집행유예를 선고하시어 영원한 지옥의 불구덩이 속에 처넣을 것을 잠깐 보류하면서까지 어서 바삐 주님 품으로 돌아오라고 손짓하시는 것이 아닌가.

그럼에도 불구하고 어리석은 인생들이 그 부르심을 외면하고 있으니 정녕 안타까운 일이 아닐 수 없는 것이다.

집행유예 선고를 받은 나는 그만 감격하여 눈물이 솟구침을 느꼈다.

아아, 이제는 자유를 찾게 되었구나. 이제는 더 이상 나의 손에 수갑이 채어지지 않을 것이며 포승도 질러지지 않을 것이고 마음껏 거리를 활보할 수 있겠구나. 마음먹은 곳이면 어디든지 자유롭게 갈 수 있을 것이며 하고 싶은 일은 무슨 일이든 할 수 있게 되었구나.

참으로 감개가 무량했다.

특히 나의 일을 어머니나 형님이 아시면 얼마나 마음 아파하실까 싶어 늘 애를 태웠다. 그래서 아내에게 입단속을 시키는 한편 가끔 전화로 안부를 여쭈며 바쁜 일이 있어서 찾아뵙지 못한다는 말씀으로 안심시켜 드릴 것을 부탁했다.

그러나 이제는 그 반갑고도 그리운 얼굴들을 언제라도 달려가서 뵈올 수 있게 된 것을 생각할 때 감회가 말할 수 없이 새로워지는 것이었다. 더구나 내가 교도소에 수감되어 있는 동안 추석 명절이 있었고 또 86아시안 게임이 우리나라에서 개최되었다. 고향에서 멀리 떨어져 목회를 하는 동안에도 설날이나 추석 등 명절에는 반드시 가족을 동반하여 고향을 찾았다.

그런 터에 추석을 맞이했음에도 불구하고 고향에 가지 않은 것을 이상하게 생각한 어머니나 형님이 찾아오시면 어쩌나 싶어 무진 애가 타는 것이었다.

그러나 이제는 마음 놓고 어머니나 형님을 뵈올 수 있게 되었으니 자유란 정녕 소중하고도 고마운 것이었다.

집행유예를 선고받고 다시 교도소로 돌아오는 차 안에서 마음속으로 주님께 감사드리며 감격의 눈물을 흘렸다.

그러면서도 마음 한편으로 짓눌러오는 무거운 것들을 떨쳐버릴 수가 없었는데 그것은 곧 교회 문제 때문이었다.

내가 교회를 떠나야 할 것인가? 떠나버린다면 차라리 나는 마음 편하고 좋겠지만 그 많은 교회의 빚, 그리고 주위의 비난과 따가운 눈총은 누가 감수할 것인가.

그렇지 않아도 빚 많고 문제 많은 교회, 아무도 찾는 이가 없어 내가 온 것인데 오히려 문제만 크게 일으켜놓고 떠나버린다면 이곳에서의 복음의 빛은 영영 가려지고 말 것이 아닌가. 결국 내가 끝까지 남아 있어 부채도 정리하고 명예도 회복하고 교회 운영도 정상궤도에 올려놓아야 할 것이라는 생각이 들었다.

그러나 그러는 과정에서 필연적으로 당해야 할 어려움을 생각하니 끔찍한 생각마저 드는 것이었다.

마음 한편으로는 내가 장수를 떠나는 것이 유익할 것이라는 생각이 들기도 했다. 살인자의 낙인이 찍힌 상태에서 교회를 계속 섬긴다는 것은 교회를 위해서나 나 자신을 위해서나 이로울 것이 없을 터이다.

마침 나를 퍽이나 아껴주는 선배 정두일 목사님이 내가 부임할 새로운 목회지를 마련해 놓고 출소하기만 기다리던 중이라는 소식을 듣고 있었다. 출석 교인 60여 명 규모의 아담한 교회라고 했다.

정두일 목사님은 교단의 총회장과 신학대학 총장을 역임한 분으로 교회 내외적으로 신망이 두터웠다.

교회에서 받는 사례비만으로도 생활에 불편이 없다며 일체의 다른 수입은 학생들 장학금과 어려운 이웃을 위해 아낌없이 내놓은 분이었다. '성자'라는 별칭이 자연스럽게 목사님을 따라다녔다.

이러한 목사님의 호의를 생각해서라도 목회지를 옮기는 것이 좋지 않을까 하는 생각도 들었으나 고심 끝에 나는 교회를 떠나지 않기로 마음먹었다. 나에게 지워진 십자가는 내가 져야 할 몫이라는 생각이 나를 지배했기 때문이었다.

나는 다시 마음속으로 주님께 기도했다. 어려운 문제들을 주님께서 해결해 주실 것과 나에게 믿음과 용기를 더하여 주실 것을 간구했다.

석방절차를 마치고 교도소 문을 나선 것은 밤 8시가

다 되어서였다. 그날은 수요일임에도 불구하고 아내는 낮부터 아름이와 함께 나를 기다리고 있었다.

생각 같아서는 아름이를 꼭 끌어안고 또 아내의 손목이라도 꼭 쥐어주고 싶었지만 터져버릴 것만 같은 울음을 삼키느라 그럴 여유조차 없었다.

장수로 오는 버스를 탔다. 나는 아내의 얼굴을 바라보았다. 아내는 아름이를 꼭 끌어안은 채 어두운 차창 밖을 내다보고 있었다. 심한 마음고생에 얼굴은 수척할 대로 수척해 있었다. 그 모습을 보니 나도 모르게 눈물이 흘러내렸다. 시선을 얼른 차창 밖으로 돌려버렸다.

생각하면 할수록 아내는 참으로 고마운 사람이었다. 결혼 초기에는 불평이 심하여 무척 힘든 생활을 했다. 그러나 차차 목회 생활에 익숙해지면서 아내는 가난한 딸부자 집 둘째 딸로서의 진가를 유감없이 발휘하기 시작했다.

아내는 위로 언니가 한 분, 아래로 여동생이 여덟―. 그러니까 딸만 열, 그 중 둘째로 태어났다. 그 궁핍하던 시질에 언니와 함께 어머니를 대신하여 동생들을 길러냈다. 가난한 생활에는 이골이 난 사람이었다.

아내는 나에게 이런 이야기를 들려준 적이 있다.

물 긷고 빨래하고 소 풀 뜯기고 들에서 일하는 어머니 시중들고, 끼니마다 밥을 해서 동생들 먹여야 하는 일이 얼마나 고된지 모른다. 그런데 동생들은 끼니때마다 밥이 적다고 칭얼거리며 밥을 더 달라고 조른다.

여덟 명의 동생 중 유난히 칭얼대는 동생이 있다. 미안하면서도 얄미운 생각이 든다. 아내는 그 동생의 밥그릇에 종지를 엎어놓고 밥을 푼다. 밥을 조금 담아도 고봉밥이 된다.

처음에는 좋아라고 밥을 먹던 동생이 몇 숟가락 안 떠서 드러난 종지를 보고 그만 울음을 터뜨리고 만다. 철부지였던 그때는 무에 그리도 우스운지 깔깔거리고 웃어댔지만 지금 생각하면 가슴을 도려내는 아픔에 눈시울이 뜨거워진다고 했다.

내가 개척 교회를 찾아다니고 어려운 이웃들과 그나마 함께 할 수 있었던 것도 내조의 힘이 컸음은 두말할 필요조차 없는 것이다. 날이 갈수록 아내는 가난을 즐기는 사람 같다는 생각이 들었다.

아내가 교단에서 실시하는 사모세미나에 참석했을 때

였다. 강의를 듣고 있던 옆의 사모가 아내의 귀에 대고 작은 소리로 말했다.

"사모님, 속옷을 돌려 입으셨어요."

아내의 대답이 걸작이었다.

"일부러 돌려 입었어요."

세탁기가 없어 여러 번에 걸쳐 손빨래를 한 탓에 속옷의 목 부분이 늘어질 대로 늘어졌다. 그래서 돌려 입은 것이다.

아무렇지도 않게 말하는 아내가 옆 사람의 눈에는 이상하고도 측은하게 보였을지 모르겠다.

목회자 부인이 너무 초라하면 못쓴다면서 언니가 입던 옷을 곧잘 주어 입성은 그런대로 남루를 면했다. 그런데도 아내는 어쩌다가 '옷 한 벌 안 사준다'고 불평을 털어놓을 때가 있다. 그때마다 나는 '어디서 났든지 입을만한 옷 있으면 됐지 웬 불만이냐'며 통박을 했다.

"누가 좋은 것 바라나요? 하잘것없는 싸구려일망정 남편이 사주는 옷 한 번 입어보겠다는 게 그렇게도 사치스런 생각인가요?"

대놓고 따지는 서슬에 나는 할 말을 잃고 말았다. 아

내의 소박한 꿈 하나 이뤄주지 못하는 나는 과연 남편인가 남남인가.

나의 속은 말할 수 없이 짠하지만 그렇다고 아내의 불평불만을 그대로 듣고 있을 수만은 없다. 아내의 공박이 거세어질 기세가 보일 때마다 나는 비장의 무기를 꺼내 든다. 상당히 공격적이던 아내도 선볼 때 나의 입에서 나온 진실한 말 한 마디 앞에서는 수세로 몰리게 되는 것이다.

"그러니까 내가 아예 선볼 때부터 뭐라고 했소? 나는 이담에 교도소나 나환자촌에 ……"

이 말만 나오면 아내의 기세는 한풀 꺾이고 만다.

"그걸 누가 진짜로 믿었나요?"

"이런 답답한 사람 봤나. 아니, 세상에 누가 장난으로, 심심풀이로 교도소 전도를 나갈 것이며 나환자에게 전도를 하겠소. 진심이 아니라면 퇴짜 맞는 재미로 선보는 자리에서 그런 말을 하겠소?"

이쯤에서 아내의 불만은 잦아들고 화해의 분위기로 바뀌게 된다. 그러나 비수가 되어 꽂힌 아내의 그 말 한 마디는 오래도록 내 가슴에 도사리고 있어서 아픔을 더

해주는 것이었다.

여럿이 어울려 뷔페식당에 갈 때가 있다. 어쩌다가 아내도 동석하게 되는데 그 때마다 나는 가만히 앉아 있으면 된다. 내가 내 몫을 챙기려 하면 어느 새 아내는 내 몫을 챙기고 나서 자신의 몫을 챙긴다.

식사를 다 하고 나서도 후식이나 음료수, 입가심 물을 챙기는 것도 다 아내의 몫이다. 식사가 끝났는데도 물이나 음료수가 없을 때 나는

"무 - 르!"

점잖게 한 마디만 하면 된다. 아내가 '미처 생각하지 못해서 죄송하다'는 듯 얼른 물이나 음료수를 챙겨오기 때문이다. 옆에서 지켜보던 동료나 일행은 예외 없이 깜짝 놀라는 표정들을 짓는다. 요즘이 어떤 시대인데 아직도 가부장 행세를 하느냐고 통박을 하는 이도 있다.

그러나 뭘 모르는 소리다. 아내의 이런 습성은 어려서부터 몸에 밴 것이다. 식사 후 남편이나 아이들이 스스로 물을 떠다먹거나, 남자들이 설거지통을 기웃거리는 것 등이 이내의 눈에는 거슬러 보이는 것이다.

그 대신 힘든 일이나 당연히 남자가 해야 할 일이 생

졌을 때 나는 발 벗고 나선다. 만의 하나 목숨을 걸 일이 생긴다면 그때 나는 기꺼이 아내를 위해서 목숨을 내놓을 것이다.

나는 아내의 생명이 내 것이고 내 생명이 아내의 것이라고 생각한다.

출소한 후에도 '목사님이 나가시면 다른 목사님을 보내주십시오' 하던 말이 생각나서 현실을 돌아보게 했다. 그것은 정말로 우스갯소리로 흘려들을 말이 아니었다. 그들은 몹시도 정신적 지주를 찾고 있는 것이다.

요즈음은 시골 구석구석까지도 교회 없는 곳이 없으며 더구나 도시에는 한 집 건너 교회가 있을 정도로 눈에 띄는 게 교회 십자가인데 어째서 그들은 교도소 안에 들어와서야 목사를 갈망하게 된 것일까?

교회가 교회답지 못하고 목사가 목사답지 못하고 성도가 성도답지 못하기 때문이 아닌가. 이는 마치 바다 한가운데 있는 사람이 지천이 물인데도 목이 말라서 죽는 것과 같은 이치가 아닌가. 물은 물이로되 마실 수 없는 물, 교회는 교회로되 빛을 잃은 교회, 교인은 교인이로되 짠맛을 잃은 교인 ……

다시 앓는 사랑의 열병

출소하고 나서도 나는 전주교도소를 종종 방문했다. 어떤 때는 전주 다녀올 교통비 2천 원이 없어 쩔쩔매는 형편이었지만 나는 최선을 다해 교도소를 방문했다.

아내에게는 그것이 또 불만이었던 것 같다. 생활 형편은 몹시 어려운데 가정살림에는 통 신경을 쓰지 않으면서 교도소 같은 데나 찾아다니는 것에 대해 늘 불평을 쏟아냈다.

그러나 나는 바로 그것이 내가 힘써 해야 할 일이라는 사명감을 느꼈다. 나는 주님께서 나로 하여금 교도소 생활을 맛보게 하신 데에는 두 가지의 큰 뜻이 담겨 있다고 생각했다.

첫째는 교회 일로 너무 애걸복걸하던 나에게 좀 쉴 기

회를 주시기 위함이 아니었겠는가 하는 생각이다. 둘째, 나는 신학에 입문하면서 주님께 서원한 것이 있다. 그것은 목회자가 된 후 교도소나 나환자촌 혹은 오지를 찾아가 복음을 전하겠다는 다짐이었다.

주님께서는 나에게 교도소 전도를 효과 있게 할 수 있도록 교도소 견학을 시키신 것이 아닌가 하는 생각이 바로 그것이다. 수감자 전도를 위해서 수감자가 돼 보는 것 이상 더 좋은 방법이 어디 있겠는가.

나는 첫사랑의 열병을 유난히도 심하게 앓았다. 그 첫사랑이 떠나자 주님께서 다가오셔서 두 번째의 열병을 안겨주셨다. 그것은 영생으로 나아가는 사랑이었다.

나를 구원하시기 위해 십자가에서 보혈을 흘려주신 그 사랑을 깨닫는 순간 나는 이제 내 생명을 주님께 바치리라는 각오를 단단히 했다. 이 각오는 교도소를 다녀온 후로 더욱 굳어졌다.

나는 삼개월여 함께 생활하던 12방의 형제들을 되도록 자주 방문하여 교제하는 시간을 가졌다. 비록 쇠창살이 가려 있는 상태이기는 하지만 잠시라도 함께 기도하는 시간을 갖는 것에 큰 보람을 느꼈다.

　나는 우선 12방의 봉사원으로 있는 우규호 형제의 접견을 신청했다. 우규호 형제는 '규호'라는 본이름보다는 '진안A급'이라는 별명으로 더 잘 통하는 사람이었다.

　그는 40살이 넘은 사람으로 폭력 전과가 자그마치 13개나 되는 사람이었다. 19살부터 시작하여 아예 교도소에서 살다시피 한 이력을 가지고 있었다.

　내가 처음 12방으로 방 배치를 받았을 때 우규호 씨는 크리스마스카드에 그려진 십자가를 벽 한 구석에 붙여놓고 혼자 기도생활을 하고 있었다.

　하나님께서는 나를 우 형제가 있는 12방으로 보내셔서 그 혹독한 신고식을 면하게 해주셨다. 그뿐만 아니라 수감자들과 함께 예배하며 기도하고 찬송할 수 있도록 섭리하신 것이다.

　우 형제는 3년 전에 예수님을 영접했다고 하는데 그 동기는 사람이 돼 보고 싶은 욕망에서 비롯됐다고 한다.

　언젠가 그는 교도소 안에서 사형장으로 가는 사람을 보았다고 한다. 그런데 대부분의 사람들은 발버둥을 치며 시형장으로 안 가겠다고 버티는데 어떤 사람은 찬송을 부르며 기쁨이 어린 환한 얼굴로 사형장을 향해 가더라는 것이었다.

그 장면을 보고 큰 충격을 받았는데 어느 날 느닷없이 십자가가 눈앞에 나타나더니 10년짜리 감호가 뚝 떨어지더라는 것이었다.

이런 경험을 한 그는 신앙을 갖기로 결심했다. 그렇지만 지나온 환경이 그렇고 사회에 대한 적응력도 약해 그 뒤로도 몇 번 더 교도소 신세를 졌다. 이번에도 폭력을 행사하여 또다시 교도소 신세를 지게 되었는데 10년짜리 감호까지 붙여졌다는 것이었다.

그는 열심 있는 믿음을 가져보려고 무진 애를 쓰고 있었는데 행동이 마음을 따라주지 않는 것에 대해 몹시 안타까워하고 있었다.

그는 새벽마다 들려오는 인근 교회의 종소리에 맞춰 일어나서 나와 함께 기도했다. 뿐만 아니라 아침과 저녁으로 예배드리는 시간마다 앞장서서 옷차림을 갖추어 참여했다.

찬송가도 열심히 배웠는데 190장 찬송을 유난히도 즐겨 불렀다.

샘물과 같은 보혈은 임마누엘 피로다
이 샘에 죄를 씻으면 정하게 되겠네
정하게 되겠네 정하게 되겠네
이 샘에 죄를 씻으면 정하게 되겠네

저 도적 회개하고서 이 샘에 씻었네
저 도적 같은 이 몸도 죄 씻기 원하네
죄 씻기 원하네 죄 씻기 원하네
저 도적 같은 이 몸도 죄 씻기 원하네

내가 12방에 들어온 이후로 12방은 그야말로 날마다 부흥회였다. 새벽기도를 비롯해서 식사 때마다 내가 기도해야 수저를 드는 것은 물론이고 틈만 있으면 찬송이요 신앙문제 토론이요 기도이니 참으로 은혜로운 분위기의 연속이었다.

12방에 있는 형제들이 예배와 기도에 관심을 보인 것은 봉사원인 우규호 형제의 영향력이 크다. 그렇지만 그것보다는 기도나 예배를 통해서 역사하시는 하나님의 능력을 깨달은 것이 더 큰 요인이 된다.

교도소에 들어와서 얽매인 생활이 얼마나 큰 고통임을 깨달은 사람들은 무슨 수를 써서든 하루 빨리 교도소를 나가려고 한다. 만약 다만 몇 개월이라도 실형을 살게 된다면 그야말로 큰일이다. 그들은 마치 물에 빠진 사람이 검불이라도 붙잡는 심정이 되어 무엇에든지 의지하려 한다.

그런 형편과 처지에서 하나님께서는 나를 통해 역사하시는 것 같았다. 재판을 받으러 가는 사람이 나와 함께 기도하고 가면 영락없이 좋은 결과를 보게 되는 것이었다. 그들이 예배드리는 것과 기도하는 것, 찬송하는 것 등을 마다할 이유가 없었던 것이다.

우 형제도 마찬가지였다. 그렇게도 열심히 예배에 참석하여 기도하고 찬송한 결과 무죄선고를 받았다. 동시에 10년짜리 감호가 또 한 번 뚝 떨어진 것이다.

우 형제는 호남지역에서는 그 방면에 관한한 유명한(?) 인물이었기에 그가 무죄판결을 받고 돌아오자 교도소 안이 떠들썩한 것도 무리는 아니었다.

우 형제는 절차상 검사의 항소로 광주로 이감되어서 항소심을 받고 곧바로 출소했다. 출소한 그는 진안에서 장수까지 와 우리 교회에서 여러 차례 예배를 드렸다.

우 형제에게서는 새 사람이 되어 보려고 애를 쓰는 모습이 역력히 보였다. 그러나 자라온 환경도 그렇거니와 사회에 대한 적응력의 부족 때문에 교도소를 계속 드나들었다.

어느 날은 이런 편지가 배달되었다.

목사님께 편지 드리고도 소식이 좀 뜸해서 목사님 신변에 무슨 일이나 없으신지 무척 걱정되고 궁금했었습니다.

목사님께서 보내주신 부활절 카드와 책, 4월 19일 반갑게 잘 받아보았습니다. 이제 안심이 됩니다.

이곳에 있는 저도 목사님께서 항상 기도해주시는 덕에 별일 없이 잘 지내고 있으며 요즘도 변함없이 항상 하나님께 예배드리며 생활 잘하고 있습니다.

제가 생활하고 있는 곳은 병동이기 때문에 어렵게 사는 동료들이 있습니다. 며칠 전에 출소한 분이 있는데 나이는 60세 정도이고 혈압이 터져 반신불수의 몸으로 어렵게 생활하고 있었습니다.

이곳에서는 매주 금요일에 온수목욕을 시켜줍니다. 그런데 이분 목욕시켜줄 사람을 찾는데 마땅한 사람이 없다는 것이었습니다.

식사 때마다 밥을 퍼주는 동료가 저보고 하는 말이, 그분 목욕시켜줄 사람을 찾아보라고 부장님께서 말씀하셨는데 마땅한 사람이 없다며 제가 항상 하나님께 열심히 예배드리는 것을 보고 저더러 좋은 일 좀 해보라고 권하는 말을 들을 때 목사님 생각이 나더군요.

저의 이 몹쓸 무자비한 손도 좋은 곳에 쓸 수 있는 기회가 있구나 생각하니 마음이 흐뭇하였습니다. 곧 승낙하고 계속 목욕을 시켜드렸는데 씻겨드릴 때마다 마음이 흡족하고 무척 기뻤습니다.

다시 사회에 복귀하면 목사님 곁에 가서 목사님 하시는 일 저도 함께 하며 살았으면 하는 생각을 하며 요즘 새벽기도 할 때마다 이렇게 기도합니다.

"저도 이제부터 하나님 뜻에 따라 살겠사오니 저의 성격이 더욱 온순하게 해주시고 바른길로만 인도해주시고 제가 항상 잘 되게 하여 주시옵소서."

앞으로도 열심히 하나님만 의지하고 믿으며 살겠고,

아무리 힘든 일이라 해도 좋은 일이면 항상 앞장서서 할 것을 마음속에 깊이 다짐했습니다.

목사님 섬기시는 교회와 가내에 항상 주님께서 함께 하시기를 기도합니다. 〈아멘〉

또 몇 달 후에는 이런 편지도 배달되었다.

그 동안 소식이 좀 뜸했습니다.

그 동안 교회와 가내가 두루 평안하시며 목사님께서도 건강하시며 별일 없이 잘 지내시는지요?

이곳 저도 목사님의 기도와 하나님 은총 아래 조금도 변함없이 새벽예배와 매일 하나님께 예배드리면서 수양과 반성의 나날을 무사히 보내고 있습니다.

이곳 소장님과 과장님의 배려로 10월 1일 대구 파티마 병원에 가서 눈 검사 잘 받았습니다. 오른쪽 눈은 지금도 수술하면 예전과는 같지 않을지라도 어느 정도 회복이 가능하다고 하며 왼쪽 눈은 치료를 잘하면 정상을 유지할 수 있다고 해서 매일 세 차례 약을 머으며 여섯 번씩 치료 잘하고 있습니다.

성경을 읽다보니 마태복음 7장은 좋은 구절만 있더군
요. 그래서 자주 읽다보니 저 같은 돌 머리에도 들어와
서 다 외웠습니다.

그런데 제 마음에 와 닿는 구절 중에서,

그러므로 무엇이든지 남에게 대접을 받고자 하는
대로 너희도 남을 대접하라 이것이 율법이요 선지자
니라.(7장 12절) 〈아멘〉

이 구절을 안 뒤부터 저의 욕심도 많이 없어졌다는 것
을 느끼고 있습니다.

언젠가 목사님께서, 예수님 믿는 것이 무척 어려운데
그것은 욕심을 다 버려야 하나님을 제대로 믿을 수 있기
때문이라고 하신 말씀이 지금도 뚜렷이 기억이 납니다.

그래서인지 제게 좋은 물건이나 음식이 생겼을 때 나보
다 더 어려운 동료들에게 베풀면 조금도 아까운 생각이
들지 않고 오히려 마음이 뿌듯하고 기쁜 마음을 금할 수
없습니다.

범사에 너희에게 모범을 보였노니 곧 이같이 수고하여 약한 사람을 돕고 또 주 예수의 친히 말씀하신 바 주는 것이 받는 것보다 복이 있다 하심을 기억하여야 할지니라.(사도행전 20장 35절) 〈아멘〉

제가 사회에 복귀해서도 이곳에서 결심한 대로 생활했으면 좋겠는데 막상 출소하면 또 마음이 바뀔 것 같아서 걱정이 되기도 합니다. 그래서 매일 새벽기도 드릴 때 저의 모든 욕심이 다 없어지게 해달라고 열심히 기도드립니다.

그럼 목사님 섬기시는 교회와 가내에 주님의 은총이 한없이 임하시기를 기도드리며 오늘은 이만 마치겠습니다.

강○호 형제 ─. 그는 장로의 아들이었다. 그는 서모의 악랄한 무고로 재판을 받게 되자 분에 못 이겨 폭행을 한 죄로 수감되었다고 했다. 군산에서 1년형을 선고빝고 항소하여 전주로 온 사람이었다.

소위 권사, 집사라는 사람들의 작태에 환멸을 느껴 아

예 예수 믿는 흉내도 내지 않으려 했다. 그러나 12방으로 들어와 방 분위기에 이끌려 예배를 드리다 보니 복수심으로 활활 타오르던 그의 가슴이 신앙의 힘으로 안정을 되찾았다고 했다.

어느 날 그는,

"목사님을 만나게 하려고 하나님께서 나를 이곳으로 보내신 것 같습니다."

이런 말을 하며 자신의 과거와 현재의 심정을 털어놓았다.

항소심 결과 1심판결이 확정됐다. 전주 교도소에서 형기를 마친 그는 형을 마치고 출소하는 날 바로 장수로 와서 며칠 쉬어 갔다.

최○철 형제 —. 그는 옆구리를 수십 바늘이나 꿰맨 상처를 가지고 있는 사람이었다. 그 역시 폭행죄로 군산에서 전주로 이감되어 왔다.

그 역시 옷을 갖춰 입고 스스로 예배에 참여했다. 몇 번 예배에 참여한 그는 '참으로 사람답게 사는 길은 예수 믿는 길밖에 없다'는 말을 하며 더욱 열심을 내었다.

그 무더운 날씨, 4평 반 좁은 공간에 20여 명이 북적

대는 속에 예배에 참석하기 위해 겉옷을 갖춰 입는다는
것은 이미 굳은 결심이 섰다는 증거가 아닌가.

　서○원 형제─. 그야말로 막자란 사람이었다. 스물아
홉이 되도록 인생이 무엇인지도 모르고 살아온 그였다.

　그는 식욕이 대단해서 식사 정량 한 그릇 가지고는 모
자라는 형편이었다. 나는 종종 내 밥을 덜어서 그에게
주었다. 먹는 양이 많다보니 가스 방출량도 많아서 냄새
가 지독하다고 천대를 받기도 했다.

　그는 귀가 잘 안 들리는지 항상 보청기를 착용하고 있
었다. 노래에도 소질이 있고 원맨쇼도 그럴 듯하게 잘
연출하여 갈채를 받기도 했다.

　그러면서도 항상 푸대접을 받았는데 게걸스럽게 먹는
다는 것과 정신질환이 있다는 것이었다. 그는 가끔가다
꿈속에서 이상한 것을 보는지 놀라 소리를 질러대곤 했
다. 그 바람에 잠자던 사람이 다 깨어날 뿐 아니라 가뜩
이나 음산한 교도소 분위기를 더욱 공포의 분위기로 몰
아넣는 것이었다.

　나는 서 형제를 내 옆자리에 재우며 자다가 놀라 고함
을 지를 때면 그 머리에 손을 얹고 기도해 주었다. 하나

님께서 서 형제를 사랑하셔서서 영과 육이 함께 건강하기
를 진심으로 빌었다.

서 형제는 운동 시간 같은 때 여러 사람들 앞에서 노
래를 하거나 원맨쇼를 연출하여 흥미를 유발시켰다. 그
때마다 사람들은 그에게 먹을 것과 마실 것 등을 주기도
했다. 원래 식욕이 왕성한 서 형제는 주는 대로 다 받아
먹어 방귀도 쉴 새 없이 뀌어댔다.

어느 날 운동을 끝내고 들어오니 나에게 무엇을 슬쩍
건네주는 것이었다. 음료수 캔이었다. 나에 대한 우정의
표시였다.

이외에도 여러 사람들이 이제껏 느껴오던 목사상에 대
해 새로운 인식을 가지게 되었다고 했다. 그들 대부분이
'목사들은 호강하고 돈만 알고 건방지고 말만 앞세우는
사람인 줄로만 알았는데 이제 변 목사님을 보고 목사에
대한 인식이 새로워졌다'고 했다.

특히 날카로운 비판력과 예지를 지닌 박○수 형제는
'목사님과 오래 같이 있다 보니 자연히 하나님의 존재가
믿어지는 것 같다'는 말을 하기도 했다. 그러면서 하나님
께서 자기들을 위하여 목사님을 이리로 인도하신 것 같

다고 했다.

박○식 씨에 대해서는 할 말이 많다. 내가 출소한 후의 이야기이지만 물에 빠진 사람 건져주었더니 보따리 내놓으라고 한다는 말을 실증으로 보여준 사람이었다.

교도소에서 꺼내 줘, 하찮은 일이지만 먹고 살 길도 주선해 줘, 홀로 사는 부인과 짝을 지어 결혼식도 교회에서 치러 줘—. 그런데도 무엇이 못마땅해 술이나 퍼마시고 부인을 두드려 패고 아이들(부인의 아들과 딸)을 괴롭히는지 도대체 이해하기가 힘든 사람이었다.

나의 아내는 그런 사람을 무엇하자고 데려다가 공연히 사람들에게 욕을 얻어먹느냐고 불평이 대단했다.

그러나 목사는 그런 사람까지도 사랑해야 한다고 나는 생각한다. 의무적으로 사랑하는 것이 아니라 진정한 마음에서 해야 한다고 생각한다.

우리 주님께서는 나 같은 죄인도 사랑하셔서 친히 보혈을 흘려주시고 그 생명을 바치셨으니 나도 남을 그렇게 사랑해야 할 의무가 있지 않은가. 사랑을 주는 데는 조건이 없어야 된다고 생각한다.

박○식 형제 —. 그는 군복무 시절 상관 살해죄로 무

기형을 받고 복역 중 20년으로 감형, 17년 복역하고 가출옥으로 출소했다.

취직 문제로 언쟁이 일어나 폭력을 행사한 죄로 군산에서 1년형을 선고받고 항소하여 전주로 이감왔다고 했다. 그는 복역 중에 세례도 받았다고 하며 세례증서를 보여줬다.

부인과는 자동적으로 이혼이 되었고 아들 하나 있는 것 그것이나 의지하고 살려했더니 이제는 희망이 좌절됐다며 안타까워하는 모습이 참으로 애처로웠다.

그는 상당히 성실해 보였다. 솔선하여 방청소도 하고 궂은일을 마다않고 잘했다. 방에서는 나이가 제일 많았지만 그런 티를 내지도 않았다.

그는 실형 1년을 언도받았기 때문에 그 1년과 가출옥으로 채우지 못한 3년을 합해 4년의 실형을 살아야 할 입장이었다.

박○식 씨보다 먼저 출소한 나는 그 며칠 후 전주 지방법원을 방문했다. 나의 재판을 맡았던 최병학 판사를 방문하여 선처해 주심에 대한 감사의 뜻을 전하고 아울러 박○식 씨의 선처를 부탁했다.

　최 판사는, 가출옥 후 다시 실형의 판결을 받은 경우에는 선처를 기대할 수 없는 법이라며 난색을 표했다. 나는 박○식 씨의 신원을 보증할 것이며 출소 후의 생활도 책임지겠다고 약속했다.

　그후 연말의 바쁜 일정 때문에 법정에 가보지도 못했는데 박○식 씨에게서 편지가 왔다. 발신인 주소가 전주 갱생보호소였다. 갱생보호소란 출소자로서 오갈 데 없는 사람을 일시 보호해 주며 일자리도 알선해 주는 사회사업단체이다.

　갱생보호소로 가서 그를 데려왔다. 당분간 나의 서재에서 생활하도록 하고 백영귀 집사와 의논하여 풀빵을 구워 팔도록 주선해 주었다.

　리어카에 풀빵 굽는 기계를 설치하여 터미널 옆 신협 골목에 자리를 잡았던 바 그 자리는 신협 이사장의 배려로 마련한 것이었다.

　장사가 곧잘 되었다. 하루 매상이 만 오천 원에서 이만 원 사이로 그만하면 썩 괜찮은 편이었다. 장날에는 매상이 삼만 원 이상이 오르는 통에 미처 빵을 구워내지 못하는 형편이었다.

박○식 씨는 주일과 수요일 저녁에는 자전거를 타고 교인들을 방문하여 교회로 데리고 왔다. 그 덕분에 통상 10여 명 출석하던 저녁 예배에 20여 명이나 출석하는 좋은 성과를 거둘 수 있었다.

그러던 중 박○식 씨의 결혼 이야기가 나오게 되었다. 마침 인근에 홀로 사는 아주머니가 있는데 나이도 서로 비슷했다.

두 사람이 결혼을 하게 되면 아주머니와 두 아들을 전도하게 되니 이 또한 좋은 일이라는 판단 아래 교회가 나서서 적극 주선했다.

아내뿐 아니라 주위 사람들도 그런 사람은 도와주어야 보람 없는 일이라고 적극 만류했다. 그러나 그리스도의 사랑을 실천코자 하는 사람은 대가를 기대하지 말아야 한다고 나는 생각한다. 배신당할 각오가 되어 있지 않은 사람은 감히 봉사니 희생이니 말 할 자격이 없다는 것이 나의 생각이다.

우주 역사상 가장 큰 배신을 당하신 예수님께서 지금 어떤 위치에 계신가를 생각해 볼 필요가 있다. 과거도 그렇고 현재도 그러하며 미래 역시 그러할 것은 수억의 사람들이 예수님을 위해서 생명을 바칠 각오로 섬기고 있다는 사실이다. 무조건적인 사랑은 결국 이렇게 승리하는 것이다.

그러나 무조건적인 사랑을 베푸는 일이 쉽지 않기에 세상은 날이 갈수록 각박해지기만 하는 것이다.

여러 사람들이 우려한 대로 결혼한 지 사흘이 못가 박○식 씨의 본색이 드러나고 말았다. 술값, 커피 값 등 수만 원의 외상값 때문에 그는 파출소에 고소를 당했고 백주 대로상에서 다방 주인과 대판 싸움을 벌이는 모양이라니 참으로 가관이었다.

그 동안 번 돈은 다 어디에 쓰고 오히려 외상을 지고 다녔단 말인가.

밥 먹여 주고 잠 재워 줘, 살림 차려 줘, 결혼까지 시켜 줘 ―. 세상에 그 고마움을 아는지 모르는지 통 이해가 되지 않는 사람이었다.

어디 그뿐인가. 춤 배우겠다고 밤중에 불러내는 소갈머리 없는 현이 엄마에게 언짢은 말을 했다고 부인을 개 패듯이 패버린 그 소행, 그 뒤부터 꺼떡하면 부인을 누드려 패는 바람에 그 부인은 몸에 피멍 가실 날이 없었다.

게다가 무슨 술을 그리도 마셔대는지 술이 잔뜩 취해서 온갖 행패를 다 부렸다. 그럴 때마다 나는 그를 제지시키느라 진땀을 흘려야 했고 아주머니를 위로하느라 온갖 애를 다 써야 했다.

그렇지만 나는 그를 미워할 수가 없었다. 끝까지 사랑하고자 노력했다. 세상 사람들이 다 손가락질을 해도, 주위 사람들이 다 미워해도 나만은 그럴 수가 없었다. 내가 존재하는 이유 중 하나가 바로 이런 사람들을 위한 것이라는 확신을 가졌기 때문이다.

그는 이미 부모형제, 그리고 친척이나 이웃에게 소외된 처지가 아닌가. 이제 목사에게까지 외면을 당한다면 누가 그의 이웃이 되어 주며 누가 그를 선도할 것인가. 나는 끝까지 그의 이웃이 되어 주기로 작정했다.

세상에 푹 빠져 교회에는 아예 발을 끊더니 어느 날 교회를 찾아왔다. 판사 벌금 8만2천원이 나왔는데 도무지 마련할 길이 없다는 것이었다. 그래서 고민이라는 것이었다.

벌금을 납부하지 않으면 재수감된다는 말에 잔뜩 겁을

먹고 있었다. 자신의 힘으로는 아무리 해봐야 그 돈 마련이 어려우니까 결국 만만한 목사를 찾아온 것이었다.

나는 무척 언짢기는 했지만 어떻게 해보자고 안심시켜 놓고 그 절반인 4만 원을 마련하여 가지고 아주머니와 함께 경찰서로 가서 2회 분납하기로 하고 우선 그 절반을 납부했다.

어느 날 박○식 씨는 술이 잔뜩 취한 상태에서 긴 작대기를 끌고 백영귀 집사를 찾아와 행패를 부렸다. 그것 말리느라 진땀을 다 빼버리고 구역예배 인도도 못했다.

백영귀 집사는 자기가 사용하던 빵틀을 자기 리어카에 장착해서 박○식 씨로 하여금 장사를 하게 해주었다. 그뿐만 아니라 이 모양 저 모양으로 힘이 되어 주었는데도 돌아온 것은 행패뿐이었으니 참으로 기가 막혔을 것이다. 그래도 꾹 참는 것은 그리스도의 사랑 때문이 아닌가.

출소하여 자유를 만끽하는 몸이 되기는 했지만 그런 중에도 나는 말할 수 없는 갈등을 겪어야만 했다.

겉으로 나타내지는 않았지만 그러나 여실히 느낄 수 있는 주위 사람들의 경멸에 찬 눈초리와 내 귀에까지 들

리지는 않았지만 모였다 하면 나의 이야기로 수군거릴
사람들을 생각하니 차마 낯을 들고 거리를 활보할 수가
없었다.

어떤 성도는 나에게 이런 이야기를 들려주었다. 어떤
어린이를 보고 물었단다.

"너 교회 다니니?"

"전에는 제일 교회 다녔는데 지금은 안 다녀요."

"왜?"

"제일교회 목사님이 사람을 죽였어요."

이런 이야기를 들은 나는 그만 현기증을 느껴 눈앞이
캄캄해지며 귀가 멍 – 해지는 것이었다. 참으로 큰 충격
이 아닐 수 없었다. 그 뒤로부터 사람들 대하기가 민망
하고 겁이 났다. 그러나 나는 모든 것을 참았다.

나는 여전히 기도하며 심방도 열심히 했다. 무슨 일이
있어도 수요일 밤과 토요일, 주일 밤은 교회에서 기도하
며 지내는 날로 꼭 지켰다.

남이야 멸시의 눈초리를 보내거나 말거나 나는 얼굴에
철판을 깔아놓은 사람처럼 열심히 거리를 누비며 전도를
했다. 그리고 몇 안 되는 성도이지만 가정마다 심방하며

성경공부도 열심히 했다.

주보에 실린 내용대로 성경구절을 찾아가며 열심히 공부했다. 성경공부를 시작한 지 1년쯤 지나니까 그 효과가 현실적으로 나타나기 시작했다. 특히 김옥순 권찰은 성경공부를 가장 열심히 했고 그에 비례해서 신앙도 부쩍부쩍 자랐다.

목회자의 최대의 기쁨이 무엇인가? 그것은 바로 믿음이 부쩍부쩍 자라는 성도를 볼 때가 가장 보람을 느끼는 순간일 것이다.

어떤 사람들은 목사가 방문하여 노크를 하면 꼭꼭 숨어 숨소리 하나 내지 않고 있다가 목사가 가버리고 난 후에야 나오는 사람들도 있었다.

그런 사람들도 믿음이 생기고 나니 지난날의 어리석었던 일을 실토하며 즐겁게 웃기도 한다.

성경공부를 통해서 믿음이 조금씩 조금씩 자라는 것을 볼 수가 있었고 또 하나님께서는 좋은 성도들을 보내주셔서 제직회도 구성하게 됐고 여전도회도 조직할 수 있게 되었다.

특히 감사한 것은 박상현 집사와 이완수 집사 내외분,

그리고 복현옥 집사 등을 보내주셔서 참으로 큰 몫을 감당하게 하신 것이었다.

이들은 이미 작은 교회에서 한몫을 감당하고 있는 백영귀 집사 내외와 최현관 집사 내외, 그리고 서복순, 이옥림, 김옥순 집사 등과 혼연일체가 되어 교회를 섬기니 비록 작은 교회이지만 알차고 활기가 있고 사랑이 넘치는 교회로 성장해 갔다.

처음 얼마 동안은 사람들이 장수제일교회는 이단이며 사람을 죽인 교회라고 냉대하고 외면했지만 점차 진실이 알려지고부터 교회를 바라보는 시각이 달라지기 시작했다.

나를 보고 '성자'라는 말로 추켜세우는 이가 있는가 하면 '장수제일교회는 알곡만 모이는 교회'라는 말로 교회를 칭찬하는 사람들도 있었다. '나는 우리 목사님 얼굴만 봐도 은혜를 받는다'고 하는 말이 성도들 간에 오가기도 했다.

교회가 이렇게 재미있게 성장해 갈 즈음 또 한 번의 시련이 나를 찾아왔다. 그것은 나의 눈의 질병 망막박리였다. 망막이 떨어져 결국은 시력을 잃게 되는 것으로서 치료하기가 쉽지 않은 병이라고 했다.

병원에서는 빨리 수술해야 된다고 재촉했지만 나로서는 참으로 난감한 일이 아닐 수 없었다. 수중에 돈 한 푼 없는 나로서는 2주일 입원에 수술비 대략 50여만 원의 엄청난 경비는 너무도 버거운 짐이었기 때문이다.

나는 한쪽 시력을 잃을 셈치고 수술을 하지 않기로 마음먹었다. 그러나 서둘러 수술을 하지 않을 경우 다른 쪽 시력마저 잃을 우려가 있다는 말에 먼저 아내가 서둘렀고 나 또한 고집을 꺾을 수밖에 없었다. 전주 예수병원에 입원했다.

그 때가 마침 가을 대심방 기간이었고 또 성례식을 앞두고 있는 터여서 입원하기가 더욱 난감한 때였다. 그러나 모든 질병이 그러하듯 눈의 질병 또한 시각을 다투는 것이므로 이것저것 따지고 계산할 처지가 아니라는 이유를 내세워 입원부터 하고 본 것이다.

아내는 우선 큰댁에 전화를 하고 또 성남의 언니에게 전화를 해서 나의 입원 소식을 알렸다. 큰댁과 언니에게 전화를 한 속셈은 뻔했다. 돈 없는 우리의 형편을 잘 아는 처지들이니 병원비 얼마쯤 보태달라는 은연중의 구걸이었다. 나는 그것이 싫어서도 입원을 마다한 것이다.

　형제간에 의리가 깊은 우리 3형제들이다. 또 인정이 많은 처형이다. 억지에서가 아닌, 동기간의 순수한 사랑에서 입원비를 협조해 줄 것은 분명하다. 그렇더라도 남의 신세를 지기 싫은 결벽성 때문에 입원하더라도 그 사실을 알리고 싶지 않았던 것이다.

　돈 없는 우리 형편 —. 나는 우리의 살림이 가난하다는 사실에 대해 불만스럽다거나 창피하다거나 위축감을 느껴본 적이 없다. 오히려 지난날 선비들의 생활을 본받아 청렴결백하게 살며 그나마 나에게 주어진 조금의 몫조차 나누는 그 생활에 말할 수 없는 기쁨과 보람을 느껴온 터였다.

　그런데 내가 병원비 때문에 머뭇거리는 것을 본 여의사는

　"돈이 문제냐."

　하며 대번에 호통을 쳐대는 것이었다.

　이제까지 청렴결백을 신조로 살아온 나였지만 그때만큼은 자신의 초라함 때문에 말할 수없는 위축감을 느껴야 했다.

남자 나이 마흔이면 정신적으로나 경제적으로나 확실한 기반 위에 일가를 이루어 성숙한 분위기 속에서 살아야 할 때이다.

그러나 나는 이 모든 면에 있어서 불안하기 그지없는 형편이다. 특히 경제적인 면에 있어서 더욱 그러하니 내가 여태까지 무엇을 해왔는가 하는 자성이 앞서기도 하는 것이었다.

도대체 내 소유라고 할 수 있는 재산이 무엇인가? 집이 한간 있나 전답이 있나, 그렇다고 돈이 있나. 도대체 나의 소유만 가지고는 당장 입원에 필요한 보증금 5만 원도 해결할 능력이 없으니

"참으로 나는 거지로구나!"

하는 탄식이 저절로 터져 나오는 것이었다.

돈이 문제냐고 호통을 치는 여의사는 아마 나를 수전노쯤으로 생각했는지도 모를 일이다. 아니면 무능하기 짝이 없는 사내쯤으로 판단하고 한 번 으름장을 놓아본 것인지도 모를 일이었다.

평소에 나는 '하나님의 것이 나의 것이니 나는 부자다.' 하는 생각을 가지고 살아왔다. 또한 '마음의 양식을 나에

게도 나누어 주십시오.'하는 요청을 여러 사람들에게서
받아왔다. 그러나 이와 같은 요청이 증명하던 나의 '부요
함'은 그 여의사 앞에서 한꺼번에 와르르 무너져 여지없
이 짓밟히는 참담함을 맛보아야 했다.

　아무튼 나는 입원을 했고 입원한 지 닷새 만에 수술을
했다. 당시 예수병원 원장이며 안과 과장인 정영태 의사
가 집도했다.

　부분마취를 했음에도 바늘이 지날 때마다 나의 몸은
바늘에 달려 공중으로 떠오르는 것 같은 고통을 느꼈다.
그러나 나약함을 보이지 않으려는 오기로 어금니를 악물
고 아픔을 참았다.

　의사는 집도에 앞서 내 머리에 손을 얹고 주님께 기도
했는데 그 기도가 나에게는 얼마나 고맙고 힘이 돼주었
는지 모른다.

　병자를 방문하여 남을 위해서는 많이 기도했지만 나
자신 환자가 되어 기도를 받는 입장이 되어보기는 이번
이 처음이다. 기도를 통해 전달되는 하나님의 능력과 위
로를 실감했다.

　수술을 마치고 병실로 온 나는 심한 통증을 이기지 못

해 신음을 연발했고 아내는 간호사에게 부탁하여 진통제 주사를 놓게 했다.

꼭 2주일간 입원해 있는 동안 많은 분들이 찾아와 기도하며 위로해 주었다. 특히 우리 교회 성도들이 찾아와 주었을 때 어찌나 반갑고 고마웠는지 모른다.

자기 교회 성도를 사랑하지 않는 목사가 어디 있을까만 나에게 있어서 장수제일교회 성도들은 특별히 소중하고 사랑스러운 분들이었다.

작고 초라한 개척교회, 내세울 것이라고는 아무 것도 없는 무기력하고 무능한 목사, 더구나 전과자의 오명을 씻지 못한 위치에 있는 목사, 그래서 웬만하면 이웃의 큰 교회로 가버릴 만한데도 불구하고 작은 교회에 남아 있기를 마다하지 않은 우리 성도들 ─.

나는 그들이 눈물이 나도록 고마웠다. 그들을 생각하며 흐르는 눈물은 두 눈을 다 가려버린 안대를 촉촉이 적셨다.

두 눈을 다 가린 채 누워 있던 어느 날이었다. 비몽사몽간에 눈앞을 스치는 장면이 있었다. 한 20여 마리 되는 짐승 새끼가 눈도 뜨지 못한 채 어미의 젖을 찾아 허

우적대는데 어미는 어디로 갔는지 보이지를 않았다.

새끼들은 서로 밟으며 밟히며 주둥이를 내밀고 어미를 찾는 것이었는데 똑같은 모습이 두 번이나 재연되는 것이었다.

그 환상을 본 나의 마음은 안타까움으로 못 견딜 지경이었다. 그 정경은 꼭 우리 교회를 상징하는 것 같았기 때문이었다.

짐승으로 치면 아직 눈도 못 뜬 것 같은 우리 성도들을 두고 이렇게 두 눈을 다 가린 채 병실에 누워 있는 나 자신을 생각하니 당장에라도 안대를 떼어버리고 교회로 달려가고 싶은 심정이 솟구쳤다.

그러나 망막박리라는 질병은 치료하기가 여간 까다로운 것이 아니어서 침대에 반듯이 누운 채 움직이지 말고 생활해야 하는 것이었다. 그래서 밥도 누운 채 먹고 대소변도 누운 채 보아야 한다는 의사의 엄명이 있었다.

나는 안타까운 중에도 어쨌든 최대한으로 빨리 퇴원하는 것이 급선무임을 생각하고 의사의 말에 순종했다. 비록 누운 상태이긴 하지만 열심히 기도를 한 것도 물론이다.

수술한 지 열흘 만에 퇴원 허락이 떨어졌다. 병원에 있는 동안 수술비를 포함한 일체의 비용경비가 50만 원이 넘게 들었다. 그러나 큰형님과 작은형님 및 처형 씨가 각각 10만 원씩, 그리고 교회 재정에서 파격적으로 지원한 30만 원과 성도들의 위로금 등으로 무난히 퇴원 수속을 밟았다. 뿐만 아니라 수술 후 통원치료와 보신하는 문제까지도 어려움 없이 해결할 수 있었다.

무엇보다도 주님의 은혜에 감사드리거니와 고마운 이웃들에게는 어떻게 감사의 뜻을 전해야 할지 모르겠다.

망막박리라는 병은 퇴원 후에도 수개월에 걸쳐 치료와 주의를 요하는 것이어서 몸만 집에 와 있을 뿐이지 병원에 누워 있는 것이나 마찬가지였다.

입원한 지 두 달 만에 겨우 강단에 서서 예배를 인도하며 설교를 할 수 있었다.

그 동안 박상현 집사와 백영귀 집사가 모든 예배를 인도하며 교회의 운영을 주도했다. 성도들이 적극 협조해 준 것 또한 감사하기 이를 데 없다.

건강을 회복한 나는 교회의 지향 목표를 교육과 선교에 두고 그 부분에 주력했다. 주일과 수요예배, 구역예배 외에도 일주일에 하루는 성경공부를 하는 날로 정하고 가능한 한 전 교인이 참여할 수 있도록 시간과 장소를 안배했다.

교재도 우리 교인들의 수준과 실정에 맞도록 신중하게 선정했고 시간도 낮 시간과 저녁 시간 두 차례 실시하므로 직장인들에게도 참여할 수 있는 기회를 제공했다.

장소는 성도들 중에서 자원하는 이의 가정으로 정했다. 성경공부를 통해 은혜를 받은 성도들은 서로 자기 집에서 모이기를 원했기 때문에 장소를 정하는 데는 별 문제가 없었다. 오히려 모임장소로 선택되지 못한 성도의 눈치를 살펴야 하는 경우도 있었다.

나는 아무래도 설교보다는 가르치는 쪽에 더 큰 은사가 있는 것 같다. 설교할 때보다는 강의를 할 때에 더 신명이 났고 그래서 그런지 성도들은 성경공부 시간을 몹시 사모하는 것 같았다.

그리고 선교 분야에서는 어려운 교회 한 곳을 선정하여 매월 지원했고 지역사회를 위해서도 매월 일정량의 선교비를 지출했다.

뿐만 아니라 우리의 도움을 필요로 하는 이웃이 나타

났을 때는 최선을 다해 협력하므로 '섬기는 생활', '나누는 생활', '베푸는 생활'을 실천해 나아갔다.

어떤 날 초등학교 2학년인 큰아이 으뜸이가 학교에서 보내는 가정통신문을 들고 왔다. 심장판막증으로 어려움을 겪고 있는 학생이 있는데 십시일반으로 돕자는 내용이었다.

나는 교회 제직들과 의논해서 20만 원을 헌납했다. 당시 우리 교회 형편으로서는 중대한 결단(?) 아닐 수 없었다.

이 일이 계기가 되어 장수 지역에서 심장판막증 어린이 돕기 운동이 대대로 벌어졌다. 보통 학생들이 제공하는 성금은 몇 백 원에서 몇 천 원이 고작이다. 그런데 20만 원 헌납은 아예 상상도 못한 일이었던 것이다.

여기에 고무된 학교에서는 이 사실을 지역신문에 보도하도록 요청했고 군청을 비롯한 공공기관에서도 발 벗고 나서서 모금운동을 벌였다. 심지어 우리 교회 성도 중에는 차를 끓여서 공공기관을 순회하며 모금을 하여 상당한 성과를 올리기도 했다.

결국 심장판막증을 앓던 어린이는 수술을 받았고 감사

하게도 깨끗이 치료가 되었다. 어린이 부모는 떡을 해서 학교와 군청에 감사의 표시를 했다는 소식이 들렸다. 나는 개척교회의 작은 결단이 이렇게 큰 성과를 거둔 사실에 대해 하나님께 무한 감사를 드렸다. 그리고 열악한 재정상황에도 불구하고 어린이를 돕는 일에 동의해 준 성도들에게도 감사한 마음이 넘쳐서 가슴이 울컥해 옴을 느꼈다.

이와 같은 일을 지속적으로 하는 동안 교회는 점차 주위의 인정을 받게 되었고 그 엄청난 사고의 후유증은 치료되었을 뿐만 아니라 지역 주민들에게 참신한 모습으로 부각되기 시작했다.

따라서 장수제일교회는 어느 새 '알곡교회', '알곡들만 모이는 교회'라는 칭찬을 듣게 되었다.

오늘날은 남을 칭찬하기에 지극히 인색한 때이다. 교회와 목회자의 권위가 더할 수 없이 땅에 떨어진 때이다. 이러한 때에 다만 몇 사람에게일망정 '알곡교회'라는 칭찬을 듣는다는 것은 자기도취의 차원을 떠나서 아무튼 귀한 일이 아닐 수 없다고 생각한다.

이러구러 내가 장수제일교회로 부임한 지도 어느덧 6

년이라는 세월이 흘렀고 교회가 설립된 지도 7년을 바라보게 되었다.

나는 뜻 깊은 7년 안식년을 맞이하여 예배당을 하나님께 봉헌해야겠다는 생각을 했다. 그러기 위해서는 교회 종탑을 건립하여 예배당의 면모를 번듯하게 갖추는 것이 제일 먼저 해야 할 일이었다.

교회가 조립식 건물이었기 때문에 첫 눈에 보아 창고라는 생각이 들었다. 양철 지붕 위에 조그맣게 세워놓은 나무 십자가만 아니라면 영락없는 창고였다. 하나님께 예배드리는 성전으로서 최소한의 경건미조차 찾아볼 수 없었다.

나는 우선 아래 위층 각 10평씩 합계 20평의 증축 계획을 세웠다. 그 방면에 경험이 있는 백영귀 집사와 함께 견적을 내본 결과 인건비를 제외한 경비로 600만 원을 산출해 내었다.

나는 다른 교회의 것을 참고로 해서 대충 설계도를 그려 보았다. 1층은 통로 양변에 작은 방을 만들어 한 곳은 유아실로, 다른 곳은 자료실로 사용하노록 설계했다. 그리고 2층은 교육관으로 사용하며 옥상에는 5미터 높

이의 철탑을 세워 십자가에 불을 밝히도록 했다.

공사가 본격적으로 시작됐다. 기초공사에서부터 벽돌을 쌓는 일과 콘크리트 작업 등 모든 일을 우리 손으로 했다.

붉은 벽돌을 쌓는 일과 같이 전문적인 기술을 요하는 작업은 이웃 교회 동역자들의 도움을 받았다. 특히 목회자가 되기 전 건축업에 종사하던 이웃 영광교회 최동주 목사와, 군복무 시절 공병부대에서 건축 경험을 많이 쌓은 서형범 목사가 발 벗고 나서서 협력해 주었다. 그 덕분에 전문 기술자에게 맡긴 것에 손색없이 공사를 마무리할 수 있었다.

직장에서 휴가를 얻어 공사를 돕는 성도가 있는가 하면 여성도들 역시 적극적으로 나서서 벽돌을 운반하고 모래를 퍼 나르고 잔심부름도 하는 등 최선을 다해 참여했다.

남자는 속으로 운다고 했던가.

참으로 가슴이 뭉클한 장면에 나는 속으로 눈물을 삼켰다. 더구나 자신들은 대야나 들통으로 모래나 콘크리트 등을 버겁게 나르면서도

"목사님은 그만 쉬세요. 우리들은 괜찮지만 목사님이 쓰러지시면 안 돼요."

하면서 내가 들고 있던 벽돌이나 들통을 빼앗다시피 하여 자신들이 나를 때는 코끝이 시큰하며 눈물이 저절로 흐르는 것이었다.

한 달 이상이나 계속되는 공사에 실제로 나는 몹시 지쳐 있었고 여차하면 몸져누울 형편이었다. 그러나 성도들의 진심어린 사랑이나 정성을 대하는 순간에는 없던 힘도 불끈불끈 솟구치는 것이었다.

나는 성도들의 마음 씀씀이가 고마워서라도 더욱 열심히 일해야겠다고 생각했다. 설혹 힘에 겨워 영영 못 일어난다한들 그게 무에 그리 대수인가.

성도와 목회자의 마음이 언제나 일치되어 있고, 서로를 진심으로 아낄 수 있는 사랑의 연결고리로 든든히 이어져 있을진대, 함께 주님을 섬기다가 생명을 잃는 일이 있다할지라도 그것이야말로 아름다운 영원에로의 승화가 아닐런지 …….

드디어 공사가 마무리 되었다. 창고 같기만 하던 교회가 이제 제 모습을 찾아 의연하게 서 있는 것을 보니 참으로 대견스럽기만 했다.

총공사비를 계산해 보니 약 팔백만 원이 들었다. 예상 금액보다 이백여 만 원이 추가되었다. 그렇지만 성도들의 정성어린 헌금과 사택건축헌금으로 예치해 놓은 금액을 합하니 부채를 걸머지지 않고도 공사를 마무리할 수 있었다.

교회 설립 7주년 기념일에 맞춰 헌당식을 거행했다. 아울러 백영귀, 이완수 두 분의 집사 안수와 서복순 집사의 권사 취임식도 함께 거행했다.

백영귀 집사는 이미 여러 차례 소개가 되었거니와 그 부인 황점순 집사는 장수군에서 수여하는 효부상을 수상한 바 있다.

이완수 집사는 농협 모범 직원으로 선정되어 해외 연수를 두 차례나 다녀왔다. 서복순 권사는 보사부 장관이 수여하는 장한 어머니상을 받은 바 있다.

모두가 교회에서나 사회에서 덕망과 신임을 얻고 있는 분들이어서 이들을 일꾼으로 추대하는 나도 그렇거니와 이들에게 찬성표를 던져준 성도들까지도 기꺼운 일로 받아들였던 것이다.

헌당식과 임직식을 모두 마치고 손님들을 일일이 배웅한 나는 아내와 함께 처제의 무덤을 찾았다. 의암공원 바로 옆에 위치한 공동묘지에 처제는 묻혀 있다.

발밑에는 널찍한 저수지가 하늘을 이고 있고 물속으로 구름이 흘러간다.

사고가 발생한 지도 벌써 7년의 세월이 흘렀다. 그 동안 나는 일주일에 한 번씩은 꼭꼭 이곳에 들러 묘역의 풀을 베기도 하고 분봉의 잡초를 뽑는가 하면 잔디를 살폈다.

나는 언제나처럼 경건한 마음으로 주님께 기도했다.

"주님, 이 죄인의 실수로 한 생명을 잃게 했습니다. 용서해 주시옵소서. 그러나 이제는 영·육간에 살리는 종이 되게 하여 주시옵소서. 그리고 주님께로 향하는 처음 사랑의 열병을 주님 오시는 그날까지 계속 앓게 하여 주시옵소서."

기도의 응답인 양 매미들의 합창이 공원의 적막을 깨뜨리고 있었다.

교회 개척, 말할 수 없는 은혜!

장수제일교회는 알차게 부흥했다. '알곡들만 모이는 교회'라는 찬사를 들을 만치 질적으로도 우수한 교회가 되었다. 50여 명 되는 성도가 똘똘 뭉쳐 주님의 몸된 교회를 가꾸는데 온 힘을 기울였다.

그러던 어느 날이었다. 대구 'ㄷ' 교회를 섬기는 ○○○ 목사님이 전주에 볼일이 있어서 왔다며 만나자는 전화가 왔다. 부랴부랴 전주로 나갔다.

목사님은 70중반의 노인이었다. 이제는 목회하기가 힘에 겹다며 나를 'ㄷ' 교회의 후임으로 청빙하는 것이었다. 나는 한 마디로 목회지를 옮길 수 없다고 했다. 장수제일교회 성도들이 나의 목회지 이동을 허락할 리가 없기 때문이었다.

장수제일교회가 안정기에 접어들었다는 생각이 들었을 때 나는 목양지를 옮겨야겠다는 생각을 했었다. 마침 인천시에 속한 어느 섬 교회가 비어 있는 상태였다. 장수제일교회 성도들에게는 알리지 않은 채 노회 임원들하고만 의논하고 이사 준비를 했다.

그러나 이사 계획을 알게 된 성도들은 벌떼같이 일어나 나의 목회지 이동을 만류했다. 그 고생을 다하고 이제 교회가 안정되어 목사님을 좀 편히 모시려고 하는 중인데 또 고생길로 들어서려 하다니, 그것만은 절대 허락할 수 없다고 했다.

성도들은 노회장과 총회장에게 진정서를 제출하는가 하면 밤낮으로 찾아와 나의 생각을 돌이키려고 애를 썼다. 결국 목회지 이동은 포기할 수밖에 없었다. 그 난리를 겪은 지 몇 개월도 되지 않은 터에 'ㄷ'교회의 청빙을 받은 것이다.

나는 성도들이 불안해 할 것을 염려하여 일언지하에 거절했다. 노 목사님은 나를 청빙하기 위해 7년을 기도해 왔다며 나보고도 한 번 기도해 보라고 했다. 하지만 나는 '그런 일은 없을 것이라'는 말을 속으로 뇌이며 집으로 돌아왔다.

그 며칠 후였다. 우연한 기회에 'ㄷ'교회의 청빙 이야기를 백 집사에게 하게 되었다. 자연스럽게 대화가 진행되는 과정에 지나가는 말로 하게 된 것이었다.

그런데 중직들이 모여 그 사실을 놓고 의논을 했고, 그 결과 나를 대구로 보내자는데 의견이 모아진 것이다. 그들은 한결같이 '목사님이 그 동안 고생을 많이 했으니 이제는 도시 교회에서 편안한 생활을 하도록 보내드리는 것이 옳다'는 생각이 들었다고 했다.

그리고 '아무리 훌륭한 목회자가 장수제일교회로 부임한다고 해도 변 목사님 같은 분을 기대하기는 어렵겠지만 그 부분은 우리가 감당해야 할 몫'이라는 말로 서운한 감정을 달랬다는 말도 내 귀에 들려왔다.

나는 장수제일교회 성도들과 아쉬운 작별을 고하고 대구로 이사를 했다. 'ㄷ'교회의 주보를 살펴보았더니 주일예배 출석 인원이 대략 60명~70명 정도 되었다. 노목사님은 1년만 당신이 담임목사로 섬기고 그 후에는 나에게 모든 것을 맡기겠다고 교인들 앞에서 선포했다.

나는 열심히 심방도 하고 주일 낮 예배 설교와 학생회

를 맡아서 운영했다. 얼마 안 되어 주일예배 출석 교인이 갑절로 늘었다. 그러나 새로 온 신자도 있었지만 그보다는 'ㄷ' 교회에 실망을 느낀 채 떠났던 사람이 대부분이었다.

어떤 사람은 내 앞에서 노골적으로 불만을 토로하는 이도 있었다. 그 동안 'ㄷ' 교회에서는 여러 명의 후임자를 청빙했다가 교회가 부흥될 만하면 후임자를 내보냈다는 것이었다. 그러면서 나 역시 배척을 당할 게 뻔하다는 투로 말하는 것이었다.

그렇거나 말거나 나는 오직 내가 할 일에만 열심을 다해 섬겼다. 그런데 아니나 다를까, 노 목사님은 3년이 다 되도록 담임목사의 자리를 고수하고 물러날 생각을 하지 않는 것이었다.

그 과정에서 갈등의 골은 깊어지고 결국 노 목사님은 나에게 10월 말까지 교회를 떠나라고 했다. 교회를 떠날 수밖에 없다고 판단한 나는 목사님에게 한 가지 청을 했다.

그때 당시 큰아이 으뜸이는 중학교 3학년이고 작은아이 아름이는 초등학교 6학년이었다. 두 아이 다 졸업이 얼마 안 남은 상태에서 교회를 떠나게 되면 아이들 학교 문제가 심각해진다.

"목사님, 제가 지금 교회를 떠나게 되면 제가 잘했어도 욕은 목사님이 잡숫게 되고 못했어도 욕은 목사님께 돌아갑니다. 그러니 두 달만 있으면 아이들 겨울방학이니까 그때 새로운 목회지를 마련하여 자연스럽게 떠나겠습니다."

그러나 선처를 부탁하는 나의 청은 묵살되고 말았다. 그냥 떠나라는 것이었다. 'ㄷ' 교회에서 2천만 원을 개척 자금으로 지원하겠다고 했지만 그까짓 돈이 문제가 아니었다. 오히려 돈으로 모든 것을 해결하려 하는 그 심보가 참으로 더럽다는 생각이 들기까지 했다.

하지만 막막하기 그지없던 나는 그 돈을 받고 교회를 떠날 수밖에 없었다. 이리저리 수소문 한 결과 후배 목사의 협조를 얻어 경산군 진량면 선화리 아파트 상가 2층에 세를 얻어 이사를 했다.

아무런 시설도 되어 있지 않은 상태에서 밥상을 강대상 삼아 아내와 아들 딸, 세 사람을 앉혀 놓고 예배를 드렸다. 참으로 어설프고 쓸쓸하기 짝이 없는 모습이었지만 마음만은 편안하기 이를 데 없었다. 그 동안 마음 고생이 얼마나 심했던지 몸무게가 7kg이나 줄어서 현기증을 느낄 만치 기력이 약해져 있었다.

고맙게도 백 집사가 장수에서 일꾼 한 사람을 데리고 와 사택 시설과 예배당 시설을 해주어 어설프게나마 교회의 모습을 갖추게 되었다. 동네 이름을 따서 교회 이름을 '선화교회'라고 했다.

으뜸이는 중학생이고 남자이므로 경산에서 대구로 학교를 다니는 것이 별로 문제될 것이 없었다. 그러나 여자이고 이제 초등학교 6학년인 아름이는 대구 통학이 어려웠다. 할 수 없이 전학을 시켰다.

전학 하던 날, 진량의 여교사는 졸업을 얼마 안 남겨 놓고 전학을 한 아름이가 혹시 좀 모자라는 부분이 있지 않은지 의심스럽다는 투로 물었다. 그 표정에는 아름이를 편입생으로 받아주는 것이 별로 달갑지 않다는 빛이 역력했다.

"남들은 대구로 학교를 가지 못해 애를 태우는데 너는 졸업도 얼마 남지 않았는데 왜 시골로 학교를 옮겼니?"

아름이를 향해 묻는 것이었지만 실은 나를 향해 '당신

의 딸은 어디가 좀 부족한 게 아닌가요?' 하는 말로 들렸다.

"예, 사정이 그렇게 되었습니다."

내가 그렇게 말하자 담임교사는 탐탁지는 않지만 어쩔 수 없다는 듯 아름이를 데리고 교실로 들어갔다.

그런데 기말고사에서 아름이가 1등을 했다. 아마 담임교사는 물론 교장을 비롯한 모든 교사들이 한 번쯤은 아름이를 다시 봤을 거라고 생각하니 고소가 머금어졌다.

우리 네 식구만 예배를 드려도 감사하기 이를 데 없는데 하나님께서는 대구에서 먼 친척 집사님 한 분을 보내주셔서 함께 예배를 드리게 해주셨다. 그 집사님은 이웃에 사는 한 가정을 전도해서 함께 왔다. 얼마나 힘이 되었는지 모른다.

개척한 지 몇 주가 지난 어느 주일이었다. 그날은 친척이 전도한 분이 사정이 생겨서 예배에 참석하지 못한다는 연락을 받았다. 친척 집사님은 '오늘은 교회가 썰렁하겠구나' 하는 생각을 하면서 교회로 왔다고 했다.

우리 네 가족과 집사님, 그리고 전도한 가족 세 사람, 합해서 전교인이 여덟 명이다. 그런데 한 가족 3명이 모두 결석을 하게 되면 빈자리가 너무 크다.

서운한 마음으로 교회로 들어선 집사님은 뜻하지 않은 광경에 눈을 크게 뜨지 않을 수가 없었다. 걱정에 싸여 교회로 들어선 자신을 비웃기라도 하듯 교회는 성도들로 가득 차 있었기 때문이었다.

놀란 것은 집사님뿐만이 아니었다. 사실은 나도 어찌 된 영문인지를 모르는 가운데 예배를 인도했기 때문이었다.

예배를 마치고 서로를 소개하며 우리 교회로 오게 된 동기를 물어 보았다. '이럴 수가! 아니 이런 일도 다 있구나' 하는 생각이 절로 들도록 사연들이 다양했다.

어떤 가정은 교회 가까운 곳으로 이사를 와서 이 교회 저 교회 예배에 참석하며 정착할 교회를 물색 중이었다고 한다. 그런데 바로 어제, 그러니까 주일 전 날이다. 내일은 어느 교회를 가볼까 생각하고 기도하는 중 환상이 보이더란다. 자기 집에서 뻗치기 시작한 무지개가 우리 교회로 연결이 되더라는 것이었다.

또 한 가성은 부인이 권사이고 남편은 안수집사인데 부인 권사님이 기도하는 중 음성이 들리더란다.

"너는 변 목사를 섬기어라."

권사님이 다시 여쭈웠단다.

"주님, 저는 변 목사가 누구인지도 모르는데 어떻게 섬기라는 말씀이십니까?"

그러자 다시 음성이 들렸다고 한다.

"내가 인도할 테니 너는 따르기만 하면 된다."

또 한 가정은 교회와 같은 건물 1층에서 세탁소를 경영하는데 얼마 동안 교회를 쉬었다는 것이었다. 그런데 갑자기 교회에 가고 싶은 생각이 들어서 출석했다는 것이었다.

그 뿐만도 아니었다.

정○○ 집사님 내외는 청송에서 사과 농장을 경영하고 있는데 그 아들이 'ㄷ'교회 청년이었다. 아들을 통해 우리 이야기를 듣고 두 시간 이상 버스를 타야 하는 그 먼 데서 예배를 드리기 위해 찾아온 것이었다.

이런저런 사정을 가지고 출석한 성도들로 인해 교회가 가득 차게 되니 그렇게 기쁘고 감사할 수가 없었다. 그야말로 개척교회의 어려움이 뭔지도 모를 만큼 행복한 상태에서 교회를 섬기게 되었다. 그렇게 5년이란 세월이 눈 깜짝할 새 지나갔다.

우리 교회에 신학교를 졸업한지 얼마 안 되는 젊은 전도사 한 분이 왔다. 그 역시 경산이 고향이어서 자연스럽게 교회와 연결이 된 것이었다. 그런데 소아마비를 앓아 다리를 좀 심하게 절었다.

젊은 전도사를 눈여겨 본 우리 교회 집사님이 사위로 삼아 두 내외가 함께 우리 교회를 섬기게 되었다.

그 즈음 장수제일교회를 섬기다가 전주로 이사를 간 몇몇 가정이 전주로 와서 교회를 개척할 의향이 없는지 물어왔다. 그 때 나는 젊은 전도사에게 목회 길을 열어 주어야겠다는 생각을 하고 기도하던 중이었다.

장애를 가진 사람이 교회를 개척하기도 어려운데다 경제적 뒷받침도 원활하지 못한 터에 잘 됐다싶은 생각이 들었다.

나는 신학에 입문할 때 시골 오지나 섬 교회, 아니면 교도소 목회나 그것도 아니면 무너져가는 교회를 맡아 섬기기로 작정했다. 아직은 나이도 있고 건강도 괜찮으니 또 나시 개척을 한다 해도 두려울 게 없었다.

고등학교를 졸업하고 구미공단에 취업하여 기숙사 생

활을 하는 으뜸이를 놓아둔 채 고2인 아름이만 데리고 전주로 왔다. 또다시 개척교회가 시작된 것이다. 교회 명칭을 '알곡교회'라고 했다.

최○○ 집사 가족 5명과 또 다른 최○○ 집사 가족 4명, 그리고 하○○ 집사 가족 4명과 강○○ 집사 등이 개척동지가 되어 열심히 섬겼다.

그런데 아무리 힘을 써도 교회가 부흥되지 않는 것이었다. 게다가 경찰관인 하○○ 집사의 남편이 남원으로 발령이 나는 바람에 자연히 교회를 떠나게 되었고 다른 성도들도 힘을 잃고 있었다.

나는 매일 정오만 되면 교회의 소강대상 앞에 엎드려 기도했고 수요일 밤과 토요일 밤, 그리고 주일 밤은 무조건 교회에 나가 기도하는 일을 첫 목회를 시작하던 날부터 오늘까지 계속해 오고 있다. 기도하다가 잠이 오면 그 자리에 엎딘 채 잠이 들었다.

우리 교회 주위에는 노래방이나 술집 등이 많았다. 우범지역으로 분류된 곳이다. 취객들의 고함소리가 잠을 설치게 하는 때가 많다. 어떤 때는 하룻밤에도 순찰차가 두세 번씩 출동하기도 한다.

전도가 잘 안 되는 데에는 지역적 특성에 원인이 있기도 하다. 교회가 침체에 빠지니 교인들이 힘을 잃는다. 교회 위치를 옮기자는 의견들이 분분하다. 그러나 나는 교회를 옮길 생각이 전혀 없었다.

여기도 교회가 꼭 필요한 곳이라는 생각을 했기 때문이다. 꼭 필요한 곳에 교회가 있는데 옮길 이유가 어디 있겠는가. 몫이 좋은 곳에는 이미 여러 교회들이 자리를 잡고 있다. 그런 곳을 비집고 들어가서 경쟁하고 싶은 생각은 추호도 없다.

어느 날이었다. 수요일 저녁예배에 달랑 세 사람이 모였다. 예배 도중에 어떤 사람이 들어왔다. 설교가 한창 진행될 때 이 사람이 하나님 아버지를 찾으며 통곡을 하는 것이었다. 통곡은 예배가 끝날 때까지 계속 되었다.

예배를 마친 후 나는 사연을 들어봤다. 술이 거나한 이 사람은 누구 하나를 죽이러 가는 중에 우리 교회 십자가를 보고 무조건 들어왔다는 것이었다. 나는 그 사람의 손을 붙잡고 간절히 기도해 주었다.

아내는 그런 내 모습이 매우 우습게 보인 모양이었다. 좋게 말하면 순진하다고 할까, 아무튼 철이 좀 덜 든 사람이라는 생각이 들더라는 것이었다. 술 취한 사람의 횡설수설하는 소리에 감동을 받아 곡진한 기도를 드리는 나를 보니 조금 덜 떨어진 사람 같아 보였다고 했다.

그런데 열흘쯤 지나 이 사람이 교회를 찾아왔다. 손에는 음료수와 과일 봉지가 들려 있었다. 사연은 말하지 않았지만 아무튼 복수심을 접고 그리스도의 사랑으로 용서하며 새로운 삶을 살려고 애쓴다는 것이었다.

그 사람은 기도해 달라며 교회 바닥에 무릎을 꿇었다. 나는 그 사람의 머리에 손을 얹고 간곡한 기도를 드렸다.

교회가 힘을 잃은 데다 내가 교회위치를 변경할 의사가 없음을 안 성도들은 하나 둘 떠나가고 남은 사람은 우리 내외 말고 네 사람뿐이었다. 나 역시 갈등이 아주 없는 것은 아니었지만 그래도 좋은 위치를 찾아 교회 장소를 옮길 생각은 없었다.

교회가 부흥되지 않는 것이 안타까운 일이긴 하지만 달리 생각하면 유익한 부분이 아주 없는 것도 아니다. 교회가 부흥되지 않는 핑계를 찾다보니 이런 생각을 다 하게 된 것인지는 모르겠으나 아무튼 그런 생각이 들었다.

규모가 큰 교회를 섬기는 목회자는 바쁘기가 이를 데 없다. 그러나 규모가 작은 교회 목회자는 바쁘지 않은 나날을 유익한 일에 사용할 수 있다. 나는 그 유익한 일로 선교회를 통해서 장애인이나 재가 노인 섬기는 일을 하기로 했다.

선교회에서는 이동목욕차를 마련하여 장애인이나 재가 노인들 목욕을 시켜드리는 한편 심방 팀을 구성하여 복음을 전했다. 나는 목욕봉사에도 참여했지만 주로 심방 팀에서 말씀 전하는 일을 했다.

특히 말기 암 환자로서 시한부 인생을 사는 이들에게 복음을 전할 때는 이 시간이 마지막 기회라는 생각으로 진액을 짜듯 복음의 진수를 공급하기에 전력을 다했다. 이렇게 10여 년을 섬기는 동안 선교회를 통해 예수님을 영접하고 하나님 품에 안긴 사람이 100여 명에 이른다.

봉사를 하면서 나는 '남에게 감동을 주는 일이 쉬울까 어려울까' 하는 문제를 생각해 본 적이 있다. 대답하기 매우 어려운 질문이기는 하지만 나는 나름대로 쉽다는 결론을 내렸다.

어느 날 진안(전북) 지역의 김○○ 할머니를 심방했을 때였다. 할머니는 중풍으로 세 번째 쓰러지신 후 1년여 자리보전을 한 채 누워 계시는 분이었다. 자녀들은 모두 객지에 나가 살고 81세 되신 할아버지 혼자 할머니를 간병하며 수발을 들고 계셨는데 방안이 무척 깨끗하고 정돈이 잘 되어 있었다.

세 번째 쓰러진 뒤부터 할머니는 정신이 혼미하여 자녀들에게도 횡설수설하기가 일쑤라고, 그래서 아무리 설교를 해도 못 알아듣는다고 할아버지께서 귀띔을 해주셨다.

내가 할머니의 두 손을 꼭 잡아드리자 할머니는 한참 동안이나 내 눈을 똑바로 쳐다보고 계셨는데 그 눈에는 신뢰와 애정의 빛이 가득 담겨 있었다. 한참 동안이나 내 눈을 바라보시던 할머니께서,

"손이 따뜻해 ……"

하시며 내 손을 꼭 쥐어주셨는데 할머니의 손은 오히려 내 손보다도 더 따뜻하게 느껴졌다.

얼마나 따뜻한 손이 그리웠으면, 얼마나 당신의 손 한 번 잡아드린 게 고맙게 느껴졌으면 그렇게도 깊은 신뢰

와 애정을 처음 보는 사람에게 쏟으셨을까.

몸이 성했을 때는 가까운 교회에도 나가셨다는 할머니는 예배드리는 중에 찬송가도 따라하셨고 기도 후에는 '아멘'도 하셨는데 그 모습이 참으로 어여쁘셨다.

남에게 감동을 주는 일이 이렇게도 쉬운데 세상은 왜 자꾸 차가워지기만 하는 것일까? 성도 한 사람이 독거노인 한 분의 손만 잡아드린다고 해도 우리 사회는 훨씬 따뜻해지리라는 생각을 그 때 해보았다.

또 이런 일도 있었다.

100세가 넘은 할아버지는 노환으로 누워만 계셨다. 나는 심방대원들과 함께 예배를 드렸는데 갈 때마다 할아버지의 손을 꼭 잡아드렸다. 할아버지뿐 아니라 나는 누구든지 방문할 때마다 손을 꼭 잡아드렸다.

할아버지는 큰아드님이 모시고 있는데 두 내외가 다 교회에 출석하고 있었다. 그런데 내가 갈 때마다 두 내외는 말은 안 하지만 얼굴에 감사의 빛과 함께 감동의 빛을 띠고 있었다.

참 친절하고 따뜻한 분이라는 생각을 하며 나는 정성을 다해 말씀을 전하고 귀가 어두운 할아버지의 귀에 대

고 조금 큰 소리로 구원에 관하여 설명을 해드리곤 했
다.

얼마쯤 지나서야 두 내외가 나에게 특별히 신뢰의 빛
을 보낸 이유를 알았다.

나는 시력이 형편없다. 눈 수술을 시술 합하여 12차례
나 했기 때문이다. 시력을 아주 잃지 않은 것만도 하나
님의 은혜라고 의사가 말할 정도였다.

할아버지의 손에는 항상 오물이 묻어 있었는데 시력이
약한 나의 눈에는 그것이 보이지 않았다. 그렇기 때문에
할아버지의 손을 주저하는 빛 없이 덥석 잡을 수 있었던
것이다.

두 내외는 내가 그 오물을 보면서도 할아버지의 손을
잡아드린 것으로 생각해서 크게 감동을 받았다는 것이었
다. 그 말을 듣고도 나는 시력이 아주 약한 사람이라는
것을 드러내지 않은 채 계속해서 할아버지의 손을 잡아
드렸다.

노인이나 환자의 손을 따듯한 마음으로 잡아드리는 것
만으로도 깊은 신뢰와 감동을 줄 수 있다는 사실을 나는
체험을 통해 깨달았다.

예수님도 모르고 하나님도 모르던 분들이 선교회의 끈질긴 방문과 성경공부에 힘입어 하나님을 알게 되고 믿음을 갖게 되고 세례를 받는 것을 볼 때 참으로 하나님의 은혜에 감격하지 않을 수 없었다.

어떤 할머니는 83세 되셨는데 아무래도 세례를 베풀기에는 믿음도 부족하고 성경에 대해 아시는 것도 별로 없고 해서 다음에 받으시라고 권해도 굳이 세례를 받겠다고 고집을 부리셨다.

할 수 없이 성경 말씀과 세례의 의미에 대해 설명하고 질문하고, 다시 설명하고 또 질문하고 ……. 여러 차례 반복한 후 할머니에게 세례를 베풀었다. 세례식이 아니라 세뇌식이 된 느낌이 들었다.

"할머니, 할머니는 이제 하나님의 따님이 되셨고 할머니의 이름이 하나님의 생명책에 기록이 되었어요. 예수님을 더 열심히 믿으시고 천국만 생각하셔야 돼요. 그렇게 하실 수 있죠?"

할머니는 고개를 끄덕이셨다. 그 모습이 여간 어여쁘신 게 아니었다.

또 어떤 분은 불교와 연관을 가지고 있었는데 불교신

도회 회장도 역임한 분이었다. 세례문답을 하면서 불교는 물론 그 어떤 우상과도 결별할 것을 강력하게 권했다. 그러겠노라고 대답을 하셨다.

그런데 그분의 집에는 달마의 그림이 벽에 붙어 있었고 佛이라고 쓴 큼지막한 글자를 액자에 넣어 벽에 붙여두고 있었다. 세례 받은 사람의 집에 저런 것이 걸려 있으면 안 된다고 하며 떼어낼 것을 말씀드렸더니 그렇게 하라고 해서 모두 떼어내 불태워버렸다.

영원히 멸망당할 처지에서 예수님을 믿고 구원의 은총을 입어 하늘나라 백성이 되고 하나님의 자녀가 된 분들을 뵐 때마다 참으로 감격스럽고 감사하다. 그럴 때마다 주님의 일에 더욱 열심을 다해 섬겨야겠다는 결심이 솟구쳐 올랐다.

노인들을 섬기면서 내가 오히려 감동을 받는 경우도 허다하다.

전라북도 정읍 영원 지방에 김○○ 할아버지 내외분이 계시는데 80이 넘으신 할아버지께서 할머니의 병수발을 드시며 사신다. 원래는 부부가 아니었으나 두 분 다 자식들에게 버림을 당하고 서로를 딱하게 여겨 의지하며 함께 사신 지 23년째 된다고 한다.

할머니는 하나밖에 없는 아들에게 버림을 당하셨고, 할아버지는 자녀가 여섯 명이나 되는데 아무도 그 아버지를 돌보지 않는다고 했다. 외로운 두 분이 의지하며 살았는데 두 분이 만난 지 6개월 정도 되었을 때 그만 할머니가 쓰러지셨다. 그 후 23년간 할아버지는 지극정성으로 할머니를 보살피셨다.

할아버지의 정성어린 보살핌 덕분에 할머니의 건강이 많이 좋아져서 뒤뚱거릴망정 교회를 다녀올 수 있게 됐다. 그 모습이 어찌나 대견한지 할아버지의 얼굴에는 웃음 떠날 새가 없다.

할머니는 할머니대로 그런 할아버지가 말할 수 없이 고마워 감사와 신뢰의 빛이 얼굴에 가득하시다.

지난 생신 때에는 가정봉사자들이 케이크와 음식을 장만해 생일상을 차려 드렸다. 자식조차 부모를 버리거나 외면하는 세상, 그런 중에도 이웃 간의 훈훈한 인정이 있어 그나마 살맛나는 세상 아닌가.

내가 신학생 시절, 예비군 훈련을 받을 때였다. 동원훈련으로서 군부대에 입소하여 현역시절의 보직수행 능력을 점검하는 훈련이다. 2박3일간의 훈련이 끝나서 내일아침이면 귀가하게 된다.

단 며칠 동안이지만 얽매인 생활에서 벗어나게 되었다는 해방감에 예비군 몇 사람이 영내를 벗어나 새벽녘까지 술을 마시고 왔다. 단잠을 자고 있던 나는 내 옆자리에서 웩웩하는 소리와 함께 무언가 뜨듯한 액체가 목덜미를 타고 내려와 등을 적시는 느낌을 받고 잠에서 깨어났다.

옆 사람은 침상에 엎드린 채 구토물을 내무반 통로에 계속 쏟아내고 있었다. 얼른 일어난 나는 우선 내 몸을 대충 씻은 후 대야에 물을 떠다 그 사람을 씻겨주고 내무반 통로에 쏟아낸 구토물을 말끔히 치웠다.

아침식사 시간이었다. 누군가가 내 옆으로 오더니
"교회 다니시지요?"
하는 것이었다.

식사할 때 내가 기도하는 것을 보고 내가 그리스도인인 줄 알았겠지만 아무튼 그리스도인이 아니고는 자신에게 그런 관용을 베풀 사람이 없다는 뜻이 '교회 다니시지요?' 하는 말 속에서 역력히 드러나 있었다.

나는 일 년에 서너 주일 중국 신학교에 가서 강의를 한다. 벌써 10년이 훨씬 넘었지만 지금도 계속해서 강의를 하고 있다. 주로 성경을 강의하지만 한국어 시간이라면 졸다가도 벌떡 일어나는 학생들이기에 가끔 한국어 강의를 하기도 한다.

어느 핸가, 교수 화장실에 빗물이 스며들어서 바닥에 제법 많은 물이 고여 있었다. 그 동안 여러 명의 교수들이 화장실을 사용했을 터인데 누구 하나 청소를 할 생각은 하지 않고 바닥에 벽돌을 깐 채 사용하고 있었다.

몇 년이나 청소를 안 했는지 변기도 지저분하기 짝이 없었다. 점심을 먹고 난 후 화장실 청소를 깨끗이 해놓고 벽돌을 치워버렸다.

학생들이 사용하는 화장실을 살펴보았더니 거기도 마찬가지였다. 대걸레가 있었는데 대체 얼마나 오랫동안 빨지를 않았는지 썩은 내가 날 지경이었다.

걸레를 빨아 헹구었다. 열다섯 번 이상을 헹구었는데도 대야의 물은 여전히 시커먼 물 그대로였다. 맑은 물이 나올 때까지 헹구어서 화장실을 깨끗이 청소해 놓았다. 여학생 화장실도 마찬가지였다.

다음 날 점심시간에 여학생 한 명이 내 곁으로 왔다. 그 여학생은 한국말이 제법 익숙했다. 어려서부터 여태까지 '선생님이 화장실 청소하는 것은 처음 보았다'고 하는 그 얼굴에는 감동의 빛이 역력했다.

그 뒤부터 누가 시킨 것도 아닌데 학생들의 화장실은 물론 교수 화장실까지 언제나 깨끗하게 유지 되었다.

신학교에 맹○○이라는 학생이 입학했다. 30살도 안된 나이에 2,000여 명의 직원을 거느린 회사를 운영했는데 복음을 전하고 싶은 열정이 열화 같았다.

불타는 열정을 견디지 못한 그는 거리로 뛰쳐나갔다. 사거리 한복판에 서서 "예수님을 믿으시오. 예수님을 믿어야 삽니다!" 힘껏 외쳤다.

공안이 와서 붙잡아갔다. 경찰봉으로 무지막지하게 두드려 맞았다. 일주일 구류를 살고 석방됐다. 그러나 복음을 전하고 싶어 몸살이 날 지경이었다.

또다시 거리로 뛰쳐나갔다. "예수님을 믿으시오. 예수님을 믿어야 삽니다!" 목청껏 외쳤다. 공안에게 끌려가서 또 죽도록 얻어맞았다. 일주일 구류를 살았다.

그렇게 얻어맞고도 복음을 전하고 싶어 안달이 난 그

는 또다시 거리로 뛰쳐나가 외쳐댔다.

"예수님을 믿으시오. 예수님을 믿어야 삽니다!"

또다시 붙잡혀갔다.

"또 너냐?"

공안에게 두드려 맞고 일주일 구류를 살았다.

그러다가 신학을 체계적으로 배우고 싶은 의욕이 생겨서 신학교에 입학했다. 열심히 배웠다. 동료 신학생들을 알뜰히 챙기는 모습이 마치 큰형님 같았다.

신학교를 졸업한 그는 200여 명이 모이는 교회에 전도사로 부임했다. 그 교회에는 이미 6명의 전도사가 있었는데 신학교육을 제대로 받지 못한 사람들이었다. 맹 전도사는 그들을 모아 틈틈이 교육을 시키는 한편 열심히 전도했다.

맹 전도사가 부임한 지 3개월 정도 지났을 때 200여 명 모이던 교회가 600여 명으로 성장했다. 교회를 새로 지은 지 얼마 되지 않았는데 교회가 비좁아 노인들은 자리에 앉히고 젊은이들은 서서 예배드리는 아름다운 모습이 연출됐다.

이제 세 번째 교회 개척 이야기를 하고자 한다. 내가 세 번째 교회를 개척하게 된 동기는 교회재판에서부터 시작된다.

그렇게도 힘들이고 땀 흘려 세운 장수제일교회에 불미스러운 일이 발생했다. 담임목사가 백 집사를 이단에 관여했다는 이유로 몇몇 사람의 증인을 세워 노회에 고소를 한 것이었다. 백 집사는 절대로 이단과 접촉한 일이 없다고 했다.

노회가 열렸다. 노회장은 장로가 없는 장수제일교회에 노회에서 장로 두 사람을 파송해 연합당회를 구성한 후 재판을 진행하자는 의견을 제시했다. 나는 그것이 불가함을 힘주어 역설했지만 절대다수의 찬성으로 가결이 되었다.

가결이 되었지만 나는 계속해서 그 결정은 법에 어긋나는 일임을 역설했다. 나중에서야 무엇을 깨달았는지 노회장은 '연합당회는 치리권이 없다'고 했다. 결국 연합당회 구성에 관한 결정은 취소한다는 선언도 없이 폐기되고 말았다.

나중에 안 사실이지만 노회 임원들은 이미 연합당회를

구성하여 백 집사를 치리한다는 방침을 세워놓고 장수제 일교회 담임목사에게도 통보를 한 상태였다. 그러므로 이 재판은 출발부터가 불법이었다.

불법으로 출발한 재판은 진행과정도 불법으로 일관했다. 연합당회를 제안한 노회장이 재판국장이 되어 재판을 진행한 자체가 이미 불법 재판이 될 것을 예고한 것이었다.

아니나 다를까 재판국장은 재판에 반드시 필요한 범죄사실증명서도 없이 재판을 진행했다. 어째서 범죄사실증명서가 없느냐고 문의했더니 재판국장과 서기는 그대로만 하라고 퉁명스럽게 말했다.

그런가하면 절대 중립을 지켜야 할 재판국장은 시종일관 원고의 편을 들어주어서 재판국장이 아니라 마치 원고의 변호인으로 착각할 정도였다.

그뿐만이 아니었다. 원고는 교단이 교류를 금지하고 있는 단체에 깊이 관여하고 있었다. 결국 이단에 준하는 사람이 이단과는 상관도 없는 사람을 이단으로 몰아간 형국이 됐다. 그 사실을 뻔히 알면서도 재판국에서는 전혀 문제를 삼지 않았다.

나는 피고의 변호인으로서 '총회가 교류를 금지한 단체에 가입한 사람이 교인을 이단으로 몰아 청구한 재판은 받아들일 수 없다'고 항변했지만 노회는 내 의견을 묵살해 버리고 말았다.

재판 결과 백 집사가 이단과 직접적 연관은 없지만 예배를 방해했다는 등의 당치도 않은 이유를 들어 제명처분을 내렸다.

나는 즉각 노회와 총회에 상소했다. 나는 백 집사와 의논하여 상소 이유서를 아래와 같이 작성했다. 그러나 상소는 기각되고 말았다.

1. 원심기소인이 불법으로 저를 출교했을 때 시찰회에 조사해 주기를 요청했지만 시찰회에서는 노회장에게 미루고 한 번도 사전 조사를 하지 않았습니다.

2. 원심기소인은 노회에서 연합당회를 구성하여 저를 징계할 것이라고 설교 시간에 말했는데 정말로 1주일이 지난 4월 11일, 노회에서는 원심기소인의 말처럼 연합당회를 구성하여 당회재판을 할 것을 결의하였습니다. 변이주 목사님의 강력한 항의로

그 결정은 무효가 되었지만 노회원 중 일부는 원심기소인과 담합하여 의도적으로 저에게 불이익을 주려고 한 것이 분명합니다.

3. 범죄사실증명서가 없었습니다. "왜 범죄사실증명서가 없느냐"고 국장과 서기에게 질문했을 때 보내준 서류대로만 하라고 했기 때문에 저는 준비를 전혀 하지 못했습니다. 저는 원심기소인이 재판을 포기한 줄 알았습니다.

4. 헌법 절차대로 진행되지 않았습니다. 권징 제6장 66조 4단계 중 1.1),2) 항과 2.1),2) 항은 생략한 채 1.3)항과 2.3) 항만 진행했고 4.항도 생략했습니다.

5. 사전 지도(指導) 없이 재판으로 끌고 감으로써 공정성을 상실했습니다. 재판은 사전에 정당한 지도가 있은 후 그에 대해 순종하지 않을 때 최후 수단으로 이용돼야 한다고 봅니다. 그런데 원심기소인은 담임목사로서 제가 한 어떤 일에도 지도해 준 적이 없이 곧장 재판으로 끌고 갔습니다.

6. 재판결과 신천지와는 무관하다는 것이 판명되었는

데도 원심기소인은 저를 신천지 이단과 계속하여 연계시켰으며 우리 교단에서 교류를 금지한 ○○○ 기도원에 깊이 관여한 원심기소인에게는 아무 제재도 없는 것은 심히 불공평합니다.

상소할 이유가 충분했고 정직하게만 재판이 진행된다면 원심재판 결과가 뒤집힐 것은 불을 보듯 빤한 것이었다.

이렇게 상소 이유가 분명한데도 상소를 포기해야만 하는 것인가? 이렇게 진실과 허위가 분명한데도 가재라고 해서 게 편을 들어 준 목사들이 나의 눈에는 도무지 목사로 보이지 않았다.

나는 그런 목사들에게는 전혀 동료의식을 느낄 수가 없었다. 그들과는 아예 교제를 끊고 싶었다. '말세에는 불법이 성하므로 많은 사람의 사랑이 식어지리라'는 성경 말씀에 공감을 느꼈다.

재판이 끝난 다음에서야 담임목사와 노회의 부당함을 깨달은 성도들이 뿔뿔이 흩어지는 바람에 장수제일교회는 그야말로 풍비박산이 나고 말았던 것이다. 그것으로 끝난 게 아니었다.

장수제일교회에서 나간 사람들은 이단과 연계된 사람들이라는 소문이 퍼졌기 때문에 많은 사람들이 출석할 교회를 정하지 못해 오랫동안 갈등을 겪어야 했다. 게다가 노회의 부당한 처사에 환멸을 느낀 사람 중에 몇 가정이 통일교로 가는 불행한 일이 발생했다.

그리고 장수제일교회는 노회를 탈퇴하고 교단에서 교류를 금한 단체로 교적을 옮겨버리고 말았다. 노회의 불법 재판은 결국 교회마저 이단에 준하는 집단에게 내어주고 말았던 것이다.

재판을 진행하면서 새롭게 알게 된 사실이 있다. 교회에 관심깨나 가지고 있는 성도 대부분의 증언을 들어보면 목사를 상대로 한 교회재판에서 일반 성도가 이겨본 역사가 없다는 것이었다. 이럴 경우 '가재는 게 편'이라는 말이 진리로 통한다는 것이었다.

그렇게 2년이 지났다. 백 집사를 비롯한 몇몇 사람들이 모여서 의논을 했다. 아직도 교회에 정착하지 못한 채 방황하는 사람이 있는가 하면 몇 가정을 이단에 넘겨준 일에 대해 책임의식을 통감한 그들은 교회를 개척하자는데 의견일치를 보았다.

그들은 내가 청빙을 수락할 경우 개척을 진행하다는 전제하에 나의 의견을 물어왔다. 나는 기꺼이 청빙을 수락했다. 나는 그들의 청빙이 하나님의 뜻에 의한 것이라는 확신을 가지고 있었다.

그 당시 나는 고창으로 목회지를 옮길 계획이었다. 고창이 고향인 'ㄱ'장로라는 분이 자기 땅 1,500평을 헌납하여 교회를 지어주기로 했던 것이다. 나는 주민등록을 고창으로 옮겨놓은 상태에서 건축허가를 냈고 건축업자를 선정하여 기초공사를 진행했다.

그런데 하나님의 섭리였는지 사탄의 시샘이었는지 아무튼 'ㄱ'장로의 사업이 부도가 나서 공사는 중단이 돼버리고 말았다. 그 즈음에 청빙을 받은 것이다. 하나님의 깊은 뜻을 정확히 헤아릴 수야 없지만 아무튼 시의적절한 청빙은 내가 장수로 가는 것이 하나님의 뜻이 분명하다고 나는 생각했다.

게다가 최○○ 집사는 장수에 만여 평의 산을 매입하여 개간 중에 있었다. 당시 우리 교회는 우리 내외와 딸 내외, 그리고 최○○ 집사 부녀, 이렇게 여섯 명이 교인의 전부였다.

내가 장수로 가게 되면 딸 내외가 장수까지 와서 예배를 드릴 수 있으므로 사실상 전주의 알곡교회는 고스란히 장수로 장소만 옮기는 형국이 된 것이다. 장수에서는 800여 평의 농지를 임대하여 예배당과 사택을 합쳐 70여 평의 건물을 조립식으로 짓고 설립예배를 드렸다. 교회 명칭은 그대로 알곡교회를 사용했다.

절대공정과 형평을 유지해야 할 교회가 어쩌다가 가재편만 들어 주어 불법을 조장하고 사회의 지탄을 받게 되었는지 모르겠다. 그러니 교회 박멸운동이 공공연하게 펼쳐지고 있는 게 아니겠는가. 교회의 자성이 필요한 때이다.

고지가 저긴데……

나는 올해로 꼭 70살이 됐다. 목회일선에서 은퇴할 나이가 됐지만 우리 교단 목회자 정년이 75세이다. 정년이 75세이기 때문이 아니라 우리 교회의 사정상 은퇴를 조금 미루고 있을 뿐이다.

몇 달 전에 심한 어지럼증으로 쓰러진 후 건강이 여의치 못하다. 이제 내가 마지막 서야 할 고지가 눈앞에 보이는 듯하다. 살아온 날보다 앞으로 살아갈 날이 매우 짧을 것은 계산할 필요도 없는 일이다.

아니 내일 당장 어떻게 될지도 모르는 그런 상황이라고 해야 맞을 터이다. 내 눈에는 천국의 고지가 아주 가까이 보이는 듯하다.

이제 내가 체험한 일 한 가지만 더 이야기하고 후배들

과 한국교회에 부탁하는 말로써 이 글을 맺고자 한다.

나는 '처음 있는 일 제조기'라는 소리를 들은 적이 있다. 그 내용은 다음과 같다.

나는 1년에 서너 번쯤 서울을 다녀올 일이 생긴다. 그런데 언제부터인지 전철 승차권 대신 카드로만 승차할 수 있도록 제도가 바뀌었다. 어쩌다 한 번씩 서울에 볼일이 있어서 상경하는 나에게 전철 요금을 승차권이 아닌 카드로 계산하는 것은 지극히 낯설고 불편한 일이었다.

카드를 어디서 판매하는지도 모르겠고 눈 씻고 찾아도 철도직원이 보이지는 않고 승차권을 기계에서 빼려다가 실패한 적이 한 두 번이 아니었다. 급기야 나는 화를 벌컥 내고 말았다.

"어느 놈이 이따위 제도를 만들어 가지고 사람을 불편하게 만드는 거야!"

평소 점잔을 빼던 목회자답지 않게 지나가는 사람 다 들으라는 양 한 번 외쳐보았다. 혹시 전철과 관계있는 사람이나 행인들 중 누구라도 도와주었으면 좋겠다는 생각에서 한 번 그래 본 것이었다. 그러나 아무도 관심을 갖는 사람이 없었다.

그 뒤로 나는 몇 차례에 걸쳐 무임승차를 했다. 그러던 어느 날이었다. 볼 일이 생겨 안산역에 내렸을 때 철도 사무실이 있는 것을 발견했다. 사무실로 들어간 나는 그 동안 무임승차한 요금을 모두 정산했다.

나는 학창시절부터 두뇌가 명석하다는 말을 들었지만 나이 들고부터 총기가 흐려져 이제는 하루 전에 일어났던 일도 제대로 기억해내지 못할 때가 있다. 그런데 웬일인지 이때는 몇 월 며칠, 어느 역에서 어느 역까지, 그리고 어느 날은 어느 역에서 어느 역까지……, 하나도 빠짐없이 기억이 되어 모두 정산할 수가 있었다.

"이런 일은 처음이라서……."

직원은 정산하지 않아도 될 일을 굳이 정산한다는 듯, 그러면서도 이런 양심은 처음 본다는 듯 미소를 가득 머금은 얼굴로 나를 바라보았다.

또 이런 일도 있다.

친구의 승용차로 모처럼 나들이를 할 때였다. 신호등 앞에서 파란 불을 기다리며 정차해 있을 때 뒤에서 오던 차가 우리가 탄 차를 가볍게 받았다. 사고를 낸 차에는 젊은 남녀가 타고 있었는데 아마 휴대전화로 통화하다가 그만 실수를 한 모양이었다.

보험사 직원은 우리 각 사람에게 합의금으로 20만 원씩 지급하겠다고 제의했다. 그러나 친구는 더 많은 금액을 요구하는 모양이었다. 나는 친구의 권유로 종합병원에 가서 엑스레이 사진을 찍어 봤다. 별 이상이 없는 것으로 나타났다. 며칠 분의 약 처방만 받아가지고 왔다.

그런데 며칠 후에 내 통장에는 50만 원이 입금돼 있었다. 나는 즉시 보험사 직원에게 전화를 했다. 검진 결과 이상이 없으니 합의금 50만 원은 너무 많다는 생각이 들었다. 30만 원은 반환하겠으니 절차를 알려달라고 했다.

이때도 보험사 직원은 '처음 있는 일'이라며 본사에 알아본 후 다시 연락하겠다고 했다. 그 며칠 후 보험사 직원은 절차를 알려주면서 예배 시간을 물어왔다. 나는 시간을 알려주는 대신 사족을 붙였다.

"저희 교회는 교인이 몇 명 되지 않아서 선생이 실망하실까 봐 걱정입니다."

아내는 '그냥 시간이나 알려주면 되지 그런 말은 뭐 하러 하느냐'고 핀잔을 주었지만 나는 예배드리러 와서 실망할까 걱정이 되어 미리 알려준 것뿐이었다. 목회자라면 누구나 다 그렇겠지만 특히 개척교회에 있어서 성도 한 사람은 그야말로 천하와 바꿀 수도 있을 만치 귀한 존재이다.

그러나 나는 한 사람이 우리 교회에 등록하는 기쁨보다 그 사람이 실망하여 교회를 떠나지나 않을까 하는 걱정이 항상 앞선다. 그래서 누구든지 우리 교회로 오고자 하는 사람이 있을 경우 처음부터 못을 박아둔다.

어떤 여 성도가 교회 문제로 갈등을 겪고 있는데, 꿈에 내가 밥을 달라고 하더란다. 자기 밥그릇에 한 숟가락 남아 있는 밥을 기꺼이 내 밥그릇에 옮겨 담았더니 자기 밥그릇이 다시 가득 차더라는 것이었다.

우리 교회로 옮기라는 뜻이 아닌가 하는 생각을 했다는 말에 우리 교회는 신앙생활하기가 어려운 교회라고 내가 오금을 박았다. 머리에 물들이는 것, 메니큐어 짙게 바르는 것, 짙은 화장, 야한 옷차림 등 규제가 많아서 적응하기가 쉽지 않다고 했다. 대단한 결심을 하지 않고서는 우리 교회에서 신앙생활 하기가 어렵다고 했다.

그리고 교인은 교회를 옮길 때 심사숙고해야 한다는 말도 덧붙였다.

한 가지만 더 말해야겠다.

대학을 졸업한 딸이 중국에 있는 '한국어 고등학교'에 봉직하다가 임기가 만료되어 귀국했다. 취업을 위해 3~4개월이나 애를 썼지만 좁은 관문을 뚫기가 그리 만만치 않았다.

나는 딸의 취업을 위해서 열심히 기도했다. 그런데 내 마음에서 6개월이라는 음성이 들려오는 것 같았다. 나는 6개월 안으로 취업이 되리라는 확신을 가지고 더욱 열심히 기도했다.

어떤 회사에서도 고배를 마셨는데, '인선은 끝났지만 인재를 찾고 있으니 뜻이 있는 사람은 다시 도전해 보라'는 내용의 광고가 인터넷에 올랐다. 나는 딸을 추천하는 글을 써서 회사에 보냈다.

안녕하십니까?

저는 귀사에 입사원서를 냈던 ○○○의 아비 뇌는 사람입니다.

유능한 직원이 채용되었다니 축하의 말씀을 드립니다.

그러나 준비된 사람에게 문을 열어놓았다는 말씀에 고무되어 딸을 대신해서 귀사의 문을 다시 한 번 두드려 봅니다.

귀사에서는 인재를 찾는다고 했습니다. 귀사에서 찾는 인재의 기준이 어떤 것인지는 확실히 모르겠지만 기독교인으로서 맡은 바 임무에 충실하며 나아가서는 회사에 유익을 가져오는 사람이 아닐까 생각합니다.

이런 의미에서 ○○이가 제 딸이지만 아비의 입장과 목회자의 입장에서 추천서 겸하여 부탁의 말씀을 드립니다……

딸아이가 중국 학교에 근무할 때 그곳 지방 당서기라는 사람은 '한국에서 인재가 왔다'는 말로 딸아이를 평가한 일이 있다. 이 사실을 강조한 나는 딸아이를 한 번 불러서 시험해 보고 일을 시키면 어떻겠느냐는 말을 덧붙였다.

결국 딸아이는 채용이 됐고 그 때에도 회사 대표는 아버지가 딸을 추천한 경우는 '처음 있는 일'이라며 깊은 관심을 표했던 것이다.

이제 후배들과 한국교회에 부탁하는 말을 남기고자 한다.

나는 65살 된 해에 박사과정에 도전해서 68살 되던 해에 학위를 취득했다. 몇몇 대학에서 나이가 많다는 이유로 거부를 당했지만 참으로 감사하게도 군산대학교에서 연구를 하도록 허락을 받았다.

권병로 교수님께서 기꺼이 지도교수가 되어 주셨고 박시균 교수님과 채현식 교수님께서 친절하게 지도해 주셨다. 나름대로 어려운 일도 많았지만 교수님들의 지도 덕분에 무난히 학위를 취득했다. 정확한 통계는 아니지만 아마 한국 개신교 130년 역사상 현직 목회자로서는 최초의 국어학 박사일 것이다.

"개역성경의 국어정서법 오류에 관한 연구"라는 제목으로 논문을 썼다. 우리나라 『한글판개역성경전서』는 1911년 신구약합본(구역)이 출간된 이래 1938년의 1차 개정(셩경개역)과 1956년의 2차 개정(성경전서 개역 한글판)에 이어 1998년 3차 개정(개역개정)판을 내기에 이르렀다.

그런데 개정(改訂)이라는 말이 무색하리만치 개역성경
에는 오류가 많이 나타난다. 특히 『개역개정판』은 '개
악(改惡)이라는 말이 기독교 일각에서 공공연히 나돌 정
도로 그 오류의 정도가 심각하다.

새로운 개정판이 나올 때마다 비판의 목소리가 높은
것은 물론이려니와 바로 잡고자 하는 의지를 담은 권고
와 건의가 쇄도하지만 잘못된 부분이 고쳐진 예는 별로
없다.

그러다 보니 '구역' 성경이 출간된 지 100년을 맞이한
지금 '기독교는 우리말을 이상하게 쓰는 집단'이라는 비
판의 목소리가 기독교 내부에서도 점차 높아가고 있는
실정이다.

우리말을 이상하게 쓴 예 중 대표적인 용어가 '죽으시
다'는 표현이다. 예수 그리스도의 죽음을 차별화한다는
명분을 들어 '죽으시다'는 표현을 쓰지만 우리 어법상 '죽
으시-'라는 어형은 없다.

'죽으시-'라는 어형이 쓰이는 경우가 있는데 '아버님은
풀이 죽으셨다'든가 '할아버님은 기가 죽으셨다' 등 목숨
이 끊어지는 것과 상관없이 쓰인다. 그러므로 '예수님께

서 십자가에서 죽으셨다'는 표현은 예수님께서 목숨이 끊어지신 것이 아니라 기절 내지 졸도하셨다는 의미가 된다. 따라서 이단들의 졸도설에 힘을 실어주는 꼴이 된다.

국어문법에 미숙해서 해괴한 문장을 만들어 놓은 예가 개정성경에 나타난다. 개정성경 '창 2:24'은 이렇게 되어 있다.

이러므로 남자가 부모를 떠나 그의 아내와 합하여 둘이 한 몸을 이룰지로다

문제는 대명사 '그'이다. 우리말 대명사에는 재귀기능이 없다. 재귀기능은 재귀사 '저, 자기, 당신' 등이 수행한다. 따라서 개정성경 '창 2:24'의 '그의 아내'는 남의 아내가 된다. 결국 남의 아내와 합하여 한 몸을 이루라고 했으니 이런 망발이 어디 있을까 싶다.

우리말에는 우리 어법이 있다. 외국의 어법이 어떻든지 우리말로 표현할 때는 우리말 어법을 따라야 한다.

이 외에도 고쳐야 할 말들이 수두룩하다. 한국 교회는

우리말에 대한 이해부족 때문에 사탄의 작전에 한참이나 말려들었음에도 불구하고 깨닫지를 못하고 있다.

나는 박사학위 논문과, 곧이어 출간한 『교회에 뿌려진 가라지 용어들』이라는 책자를 통해 한국 교회가 시급히 고쳐야 할 용어들에 대해 자세히 설명해 놓았다.

나의 40년 목회 경험으로 심사숙고해 볼 때 한국 교회가 살기 위해서는 무엇보다도 우리말을 바르게 사용해야 하며 목회자를 비롯한 성도들이 성경을 꾸준히 읽는 것이 생활화 되어야 하리라고 본다. 그리해서 무뎌진 신앙양심이 회복되어야 하겠다.

에스겔서 47장에는 성전에서 흘러나온 물을 건너는 비유가 나온다. 물 한가운데로 들어갈수록 깊이가 더해져서 결국에는 키를 넘는다. 물이 발목에 찰 때는 마음대로 찰방거리며 방정을 떨 수 있다.

그러나 물이 키를 넘게 되면 그때는 물이 사람을 지배하게 된다. 여기서 물은 복음운동을 비유한 것인데 나는 물을 성경을 읽은 횟수에 비유하고 싶다.

성경을 10여독밖에 못했을 때는 자신이 성경을 요리한다. 그 수준에서는 자신의 생각이나 삶을 성경에 맞추려하지 않고 성경을 자신에게 맞추려고 한다. 그러나 100여독 이상을 하게 되면 그때는 자신이 성경에 사로잡히게 된다. 방정맞은 행동이나 방정맞은 말을 할 수가 없게 된다.

또한 사탄에게 내어준 교회 용어들을 바로잡는 일이 우선돼야 할 것이다. 말(言語)은 생각(內容)을 담는 그릇이다. 그릇이 잘못되면 내용도 잘못될 수밖에 없다. 신학 용어는 신학을 담는 그릇이다. 신학용어가 잘못되면 신학도 따라서 잘못된다. 이것이 바른 용어를 사용해야만 되는 이유이다.

구즉난변이 되어 고치기가 매우 어렵게 된 말 중에는 '죽으시다'는 표현을 비롯해서 사역, 교회, 성령 충만, 예수 그리스도께서 '죄를 위하여' 돌아가셨다는 표현 등 아무튼 흠을 잡기로 작정하고 덤벼든다면 한국 교회를 이단으로 몰고 갈 여지가 있는 용어들이 많다.

나는 '성자' 소리를 여러 사람에게서 들었거니와 지금도 가끔 듣고 있다. 그러나 '성자' 소리를 듣는 것이 좋기는 하면서도 오히려 부담스럽고 또 서글픈 마음이 들기도 한다.

나 같은 사람이 '성자' 소리를 듣는 것은 한국 교회의 수준을 그대로 보여주는 것이기 때문이다. 목회자라면 누구나 지녀야 할 당연한 모습이 '성자' 칭호를 받을 정도로 특별하게 비춰진다면 이 시대의 교회가 얼마나 빛을 잃었는지를 여실히 나타내는 것이 되기 때문이다.

나 같은 사람이 '성자' 소리를 듣지 않는 때가 속히 오기를 기도한다.

교도소로 간 성자

2018년 2월 20일 1판 1쇄 인쇄
2018년 2월 25일 1판 1쇄 발행
2018년 5월   5일 2판 1쇄 발행

지 은 이 변 이 주
펴 낸 이 심 혁 창
편집위원 이영규 원응순 김봉겸
마 케 팅 정 기 영

펴낸곳 **도서출판 한글**
서울특별시 서대문구 신촌로 27길 4호
☎ 02) 363-0301 / FAX 02) 362-8635
E-mail : simsazang@hanmail.net
등록 1980. 2. 20 제312-1980-000009

GOD BLESS YOU

정가 10,000원

ISBN 97889-7073-539-9-33220